Klick! 3

Geschichte

Arbeitsheft

Erarbeitet von
Christine Fink
Dr. Oliver Fink
Wolfgang Humann
und Silke Weise

Cornelsen

Inhaltsverzeichnis

Nationalsozialismus und Zweiter Weltkrieg 40–55

Deutschland von der Teilung bis zur Einheit 56–73

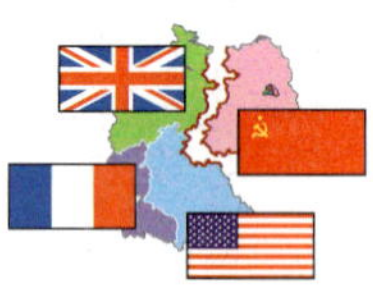

Zeitreise durch das 20. Jahrhundert

Erster Weltkrieg
von 1914-1918

Die Weimarer Republik
1918-1933

Hitler an der Macht
1933- 1945

Zweiter Weltkrieg
1939 -1945

Der Ost-West-Konflikt
1948 -1989

Der Mauerfall
in Berlin 1989

Das Zeitalter des Imperialismus und der Erste Weltkrieg

Der Kampf von Kamerun, 1884 – historische Zeichnung

1 Was könnt ihr auf dem Bild erkennen?

Ein neues Zeitalter – der Imperialismus

Um 1880 begann das Zeitalter des Imperialismus. Vor allem die europäischen Länder wollten ihr Staatsgebiet und ihre Macht auf viele andere Gebiete in der ganzen Welt ausdehnen. Die europäischen Länder nannten sich selbst „Mutterländer“. Die eroberten Gebiete waren ihre Kolonien.

Die Mutterländer wollten möglichst viele Gebiete in Afrika und Asien erobern. Bei dem Kampf um die Kolonien kam es zu Konflikten unter den europäischen Ländern. Das Zeitalter des Imperialismus endete mit dem Ersten Weltkrieg.

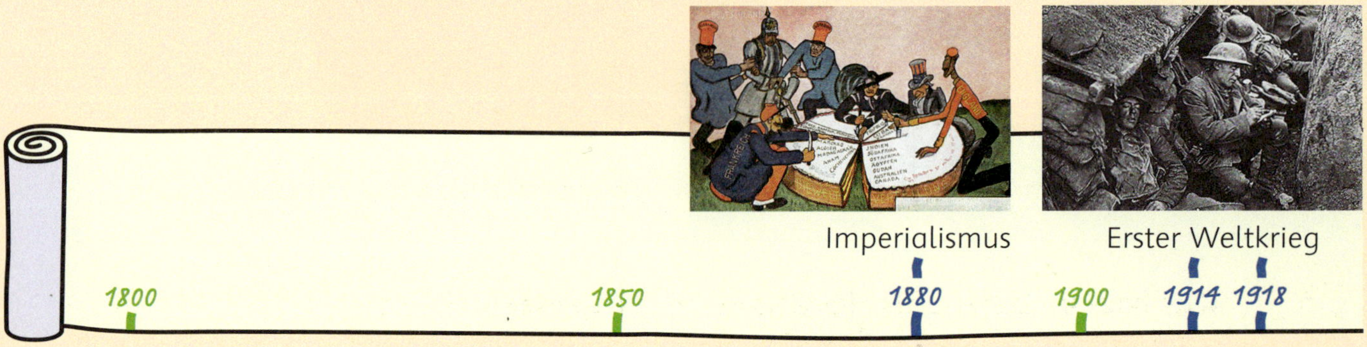

In diesem Kapitel wirst du über die Zeit des Imperialismus, über die europäischen Mutterländer und ihre Kolonien mehr erfahren. Auch über den Ausbruch und den Verlauf des Ersten Weltkrieges erhältst du viele Informationen.

2 Sieh dir die Bilder genau an.
Schreibe die passenden Sätze unter die Bilder.

① 

② 

③ 

④ 

→ Ein Attentat löste den Ersten Weltkrieg aus.

Die Mutterländer wollten die Erde unter sich aufteilen.

Viele Menschen freuten sich zunächst über den Beginn des Krieges.

Im Ersten Weltkrieg starben über 10 Millionen Menschen.

3 Was habt ihr bisher über das Zeitalter des Imperialismus und den Ersten Weltkrieg erfahren? Erzählt.

Was ist Imperialismus?

Der Streit um die Kolonien

Europäische Länder wie England, Frankreich, die Niederlande, Italien, Portugal, Spanien, Belgien, Deutschland und auch die USA wollten um 1880 mehr Land auf der ganzen Welt besitzen.

England und Frankreich hatten schon vorher Handelsbeziehungen in alle Welt aufgebaut. Sie haben Rohstoffe aus Überseegebieten nach Europa gebracht und Fertigwaren aus Europa dorthin verkauft. Aus diesen Handelsstützpunkten entstanden die späteren Kolonien. Die Kolonien konnten gekauft werden oder sie wurden erobert und in Besitz genommen. Die Europäer schickten auf Schiffen Soldaten nach Afrika oder Asien. Sie nahmen die Länder dort in Besitz. Sie sagten: „Dieses Land gehört jetzt uns!" Die Menschen, die dort lebten, mussten für sie arbeiten. Sie konnten kaum etwas dagegen sagen, sonst wurden sie hart bestraft.

➔ Lexikon S. 108–120
Afrika
Kolonien

Die europäischen Länder nannten sich selbst „Mutterländer". Die Länder in Asien oder Afrika nannten sie Kolonien.

Die Politik, Weltreiche zu errichten, nennen wir Imperialismus. Dabei versuchen die Länder, ihr Machtgebiet zu erweitern.

1 Erklärt mit eigenen Worten, was Imperialismus bedeutet.

Was ist Imperialismus?

2 Was ist auf dem Bild auf Seite 8 dargestellt?

Die folgenden Arbeitsschritte helfen dir, Bilder zu deuten:

1 Beobachtung:
Betrachte das Bild. Wie ist dein erster Eindruck?

2 Beschreibung:
Was siehst du?
Beschreibe das Bild so genau wie möglich:
Personen und Gegenstände.

3 Deutung:
Wer oder was ist auf dem Bild zu sehen?
Was tun die Menschen?

Die Menschen stellen die Mutterländer dar.

Die Mutterländer sind: ______, ______,
______, ______ und ______.

Sie schneiden einen ______ in Stücke.

Der Kuchen steht für die Welt. Darauf stehen die Namen der Kolonien.

Die Kolonien sind zum Beispiel:
______, ______, ______,
______ und ______.

Alle „Mutterländer" wollen ein Stück vom Kuchen, also ein Stück von der Welt haben.

Auf dem Kuchen steht das Wort ______.

4 Einordnung:
Überlege dir eine passende Überschrift für das Bild.

______

England, Frankreich, Deutschland, Italien, die USA

Kuchen

Marokko, Madagaskar Sudan, Ägypten, Kuba

die Weltverteilung

Die Mutterländer teilen Afrika auf

Die europäischen Mutterländer nahmen immer mehr Länder in Besitz. Sie besaßen Kolonien in Asien, Australien und Afrika. Vor dem Ersten Weltkrieg war Afrika fast vollständig unter den europäischen Mutterländern aufgeteilt.

➔ So lese ich eine Karte Schritt 2 Umschlagklappe vorne

1 Betrachtet die Karte und erklärt, was die Farben bedeuten.

2 Zählt auf, welche Kolonien zu welchen Mutterländern gehörten.

Die Mutterländer teilen Afrika auf

3 Welche Mutterländer besaßen welche Kolonien in Afrika? Schreibt Beispiele auf.

→ So lese ich eine Karte Schritt 4 Umschlagklappe vorne

Belgien	
Großbritannien	
Deutschland	
Frankreich	
Italien	
Portugal	
Spanien	

4 Welche zwei Mutterländer besaßen die größten Kolonialgebiete in Afrika?

Kolonialismus – ein Beispiel untersuchen

Auf dieser Doppelseite könnt ihr eine Kolonie näher untersuchen.

Diese Fragen helfen euch dabei:

a) Wie hieß die Kolonie?
b) Welches „Mutterland" gründete die Kolonie?
c) Wann wurde die Kolonie gegründet?
d) Wie behandelten die Menschen aus dem Mutterland die Menschen in der Kolonie?
e) Gab es dort Aufstände? Wenn ja, wann?
f) Wie hießen die Aufständischen?
g) Wie heißt die ehemalige Kolonie heute?
h) Wie leben die Menschen heute in der ehemaligen Kolonie?

1 Arbeite mit einem Partner. Beantwortet die Fragen mithilfe der folgenden Bilder und Texte.

2 Bearbeitet die Leitfragen a) bis d) selbstständig. Schreibt eure Ergebnisse auf.

Die Kolonie „Deutsch-Südwestafrika"

Im Jahr 1883 erwarb der deutsche Kaufmann Adolf Lüderitz ein Gebiet in Südwestafrika an der atlantischen Küste. Dieses Gebiet wurde auch Lüderitz-Bucht genannt und wurde der Ausgangspunkt für die spätere deutsche Kolonie. Die Deutschen vergrößerten dieses Gebiet und gründeten im Jahr 1884 die Kolonie „Deutsch-Südwestafrika". Auf der Karte auf Seite 10 findet ihr, wo „Deutsch-Südwestafrika" lag.

Das Leben der Einheimischen veränderte sich.

Ein Häuptling erzählt:
„Die Deutschen lassen sich hier nieder. Sie fragen nicht um Erlaubnis. Sie drängen den Menschen ihre Gesetze auf. Sie verbieten uns, dorthin zu gehen, wohin wir gehen wollen. Sie erlauben uns nicht, unser eigenes Wasser und unser eigenes Land zu nutzen. Sie verbieten uns sogar die Jagd."

Kolonialismus – ein Beispiel untersuchen

3 Bearbeitet die Leitfragen e) und f) selbstständig. Schreibt eure Ergebnisse auf.

Die Menschen leisteten Widerstand

In den Jahren 1904 bis 1907 gab es einen Aufstand. Die aufständischen Stämme hießen Nama und Herero. Die deutschen Soldaten schlugen den Aufstand blutig nieder. Die Soldaten hatten Feuerwaffen. Die Nama und Herero kämpften mit Pfeil und Bogen, Keulen und Speeren.

Die besiegten Herero und Nama wurden in Ketten gelegt. Auch nach dem Kampf töteten die deutschen Soldaten noch viele Menschen. Sie richteten sie hin oder trieben sie in die Wüste. Dort verhungerten und verdursteten viele Tausend Menschen.

4 Bearbeitet die Leitfragen g) und h) selbstständig. Schreibt eure Ergebnisse auf.

Das wurde aus der Kolonie „Deutsch-Südwestafrika"

Nach dem Ersten Weltkrieg verlor Deutschland seine Kolonien. Heute heißt die ehemalige Kolonie „Deutsch-Südwestafrika": Namibia. Namibia ist seit 1990 ein freies Land. Hier leben die Nachkommen der Stämme Herero und Nama. Auch viele Weiße leben hier. Touristen besuchen das Land und wollen es kennen lernen. Noch heute sieht man, dass hier einmal die Kolonie „Deutsch-Südwestafrika" war. Man erkennt es auch an den Straßenschildern. Einige Menschen sprechen dort noch Deutsch.

5 Untersucht nach diesem Beispiel auch andere Kolonien. Benutzt dabei Sachbücher und das Internet.

Europa vor dem Ersten Weltkrieg – die Aufrüstung

Wie sollen wir uns da die Hand geben?

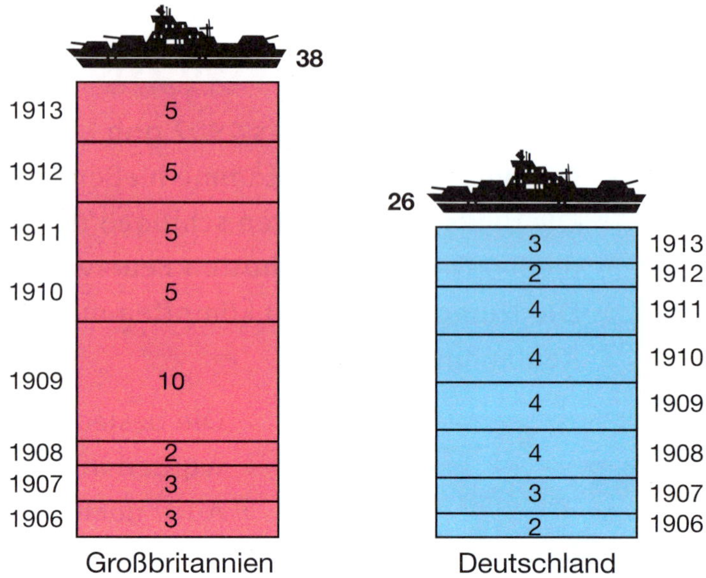

Auf dem Bild stehen sich ein Engländer (mit Käppi) und ein Deutscher (mit Zipfelmütze) gegenüber.

1 Erklärt die Bildüberschrift: „Wie sollen wir uns da die Hand geben?"

2 Erklärt das Diagramm.

Die Länder in Europa produzieren immer mehr Waffen

Um zu den entfernten Kolonien zu kommen, brauchte man Kriegsschiffe. Die größte Flotte mit Kriegsschiffen hatte England. Deutschland wollte auch eine große Flotte haben. Das wollte England verhindern. So wurden Deutschland und England Feinde.

Die „Mutterländer" nahmen immer mehr Kolonien in Besitz. Dabei kam es manchmal zum Streit zwischen den Ländern. Frankreich und Deutschland wollten zum Beispiel beide Marokko als Kolonie haben. So verfeindeten sich auch Deutschland und Frankreich.

Die Länder produzierten immer mehr Waffen. Viele Menschen glaubten, dass es Krieg geben wird. Jedes Land wollte dafür genug Waffen besitzen.

Europa vor dem Ersten Weltkrieg – die Bündnisse

Vor dem Ersten Weltkrieg standen sich zwei feindliche Bündnisse gegenüber.

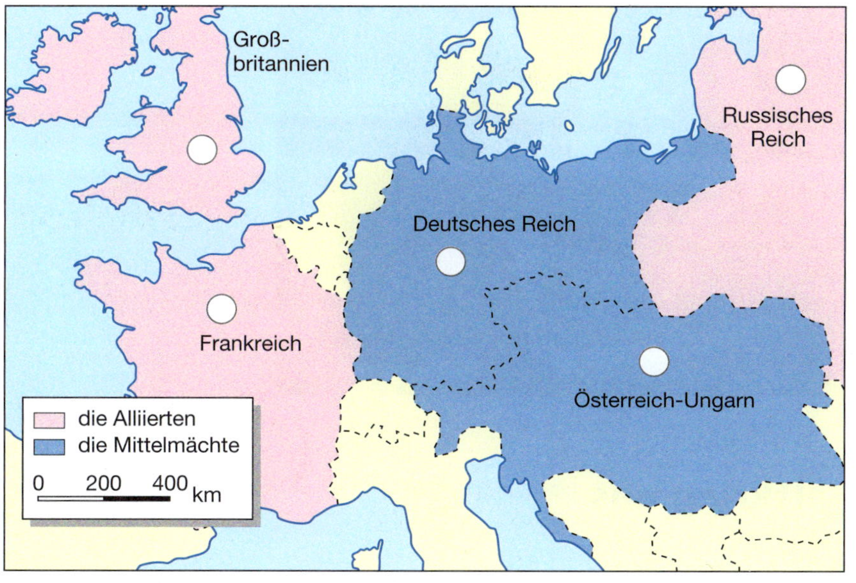

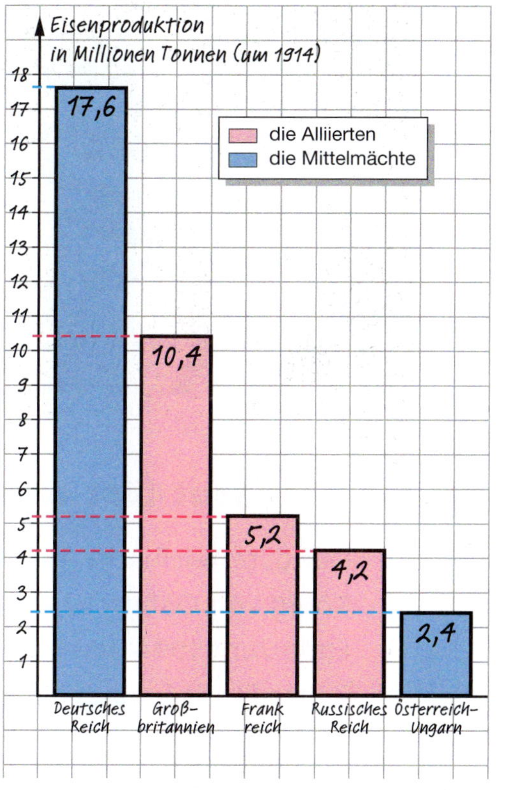

3 a) Wie heißen die Bündnisse?

____

____

b) Verbinde die verbündeten Länder miteinander.

4 Rechnet die Eisenproduktion der beiden Bündnisse im Jahr 1914 zusammen und vergleicht die Ergebnisse.

Die Alliierten	in Millionen Tonnen	Die Mittelmächte	in Millionen Tonnen
Großbritannien:		Deutsches Reich:	
Frankreich:		Österreich-Ungarn:	
Russisches Reich:			
Insgesamt:		Insgesamt:	

5 Erklärt, welche Bündnisse es vor dem Ersten Weltkrieg gab und wie stark sie im Vergleich waren.

Der Erste Weltkrieg wird ausgelöst

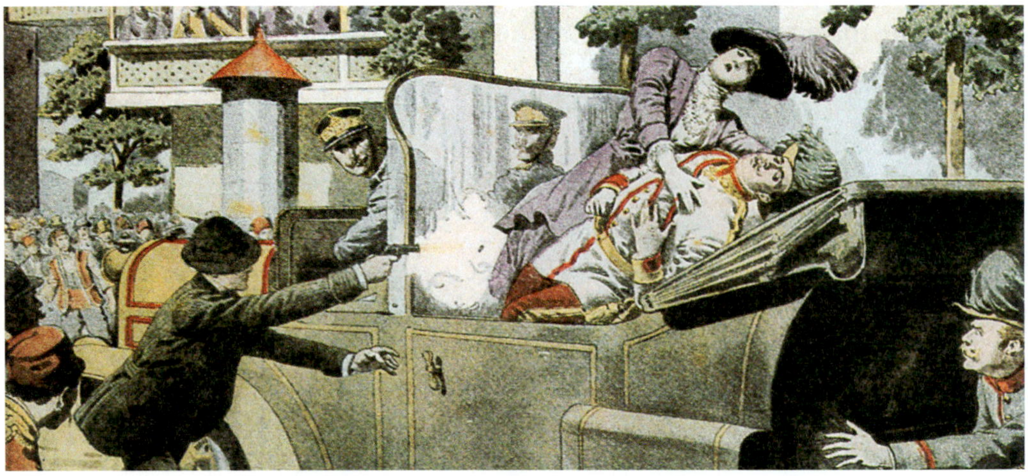

Ein Attentat löst den Weltkrieg aus

→ Textknacker Umschlagklappe hinten

Der österreichische Thronfolger Franz Ferdinand sollte König von Österreich-Ungarn werden. Ende Juni 1914 war er mit seiner Frau zu Besuch in der Stadt Sarajevo in Bosnien.

Bosnien gehörte damals zu Österreich-Ungarn. Auch Serbien hatte Ansprüche auf dieses Gebiet. Es entstand eine Spannung zwischen den beiden Ländern. Da erschoss ein serbischer Attentäter den Thronfolger und dessen Frau. Es folgte eine Kettenreaktion:

Der Konflikt zwischen Österreich-Ungarn und Serbien verschärfte sich. Österreich-Ungarn wollte Beamte nach Serbien schicken. Die Beamten sollten den Mord untersuchen. Aber Serbien wollte das nicht zulassen. Deutschland sicherte zu, dass es Österreich-Ungarn hilft. Russland versprach, Serbien zu helfen.

Und so standen sich zwei Bündnisse gegenüber. Die Alliierten: Russland mit seinen Verbündeten Frankreich und Großbritannien. Die Mittelmächte: Deutschland und Österreich-Ungarn. Österreich-Ungarn erklärte Serbien den Krieg. Nun kämpften die Alliierten und die Mittelmächte gegeneinander.

1 Erklärt mit eigenen Worten, wie der Erste Weltkrieg ausgelöst wurde.

Der Erste Weltkrieg wird ausgelöst

2 Wie kam es zum Kriegsausbruch? Ergänze die folgenden Sätze Schritt für Schritt.

1 Auf den österreich-ungarischen Thronfolger und seine Frau wurde ein ______________________ verübt.

2 Deshalb verschärfte sich der Konflikt zwischen ______________________ und ______________________.

3 ______________________ versicherte, dass es Österreich-Ungarn hilft.

______________________ versprach, dass es Serbien hilft.

Jetzt standen sich zwei Bündnisse gegenüber:

4

Die Alliierten:	Die Mittelmächte:
______________________	______________________
und seine Verbündeten	und
______________________	______________________
und	______________________
______________________	

5 Österreich-Ungarn erklärte ______________________ den Krieg.

6 Die ______________________ und die ______________________ kämpften gegeneinander.

Der Erste Weltkrieg 1914 bis 1918

1 Hier ziehen die Menschen in den Krieg.
Beschreibt die Stimmung auf den Bildern.

Über vier Jahre lang Krieg

→ Textknacker Umschlagklappe hinten

Als der Krieg begann, freuten sich viele Menschen. Sie dachten, dass ihr Land den Krieg gewinnen wird. Sie glaubten, dass der Krieg nur einige Wochen oder Monate dauert.

Aber das stimmte nicht. Der Krieg dauerte über vier Jahre. Keiner der Kriegsgegner konnte den anderen schnell besiegen. Die Soldaten gruben sich in Schützengräben und Bunkern ein. Viel wichtiger als Tapferkeit der Soldaten war etwas anderes: Es konnte nur das Land siegen, das die meisten Waffen und die meiste Munition herstellte.

Im Jahr 1917 traten die USA in den Weltkrieg ein. Sie stellten sich auf die Seite der Alliierten. Jetzt war klar: Die Alliierten hatten nun viel mehr Waffen und Munition als die Mittelmächte. Die Mittelmächte Deutschland und Österreich-Ungarn mussten verlieren. Der Krieg kostete viele Menschen das Leben. Man schätzt, dass über 10 Millionen Menschen starben.

2 Fasst zusammen:
- Was haben die Menschen über den Krieg gedacht?
- Wie war der Krieg in Wirklichkeit?

3 Auf einem Eisenbahnwaggon stand: „Auf zum Ausflug nach Paris“. Was meinten wohl die Menschen mit diesem Satz? Schreibe auf.

4 Beantworte die folgenden Fragen mithilfe des Textes. Antworte in ganzen Sätzen.

a) Wie lange dauerte der Erste Weltkrieg?

Der Erste Weltkrieg dauerte

b) Von wann bis wann dauerte der Erste Weltkrieg?

c) Wann traten die USA in den Ersten Weltkrieg ein?

d) Auf welcher Seite kämpften die USA?

e) Was bedeutete das für die Mittelmächte?

f) Wie viele Menschen starben im Ersten Weltkrieg?

Weiterführendes: Eine neue Art von Krieg

Auf diesen Seiten könnt ihr mehr über den Ersten Weltkrieg erfahren.

1 Beschreibt die Bilder.

2 Lest die Texte.

3 Schreibt die passenden Überschriften über die Textabschnitte.

→ Textknacker Schritte 1 2 3

Nach dem Krieg gab es viele Invaliden | Giftgas! | Die Industrie wird auf den Krieg umgestellt | Panzer werden eingesetzt | Stellungskrieg | Einsatz von U-Booten | Junge Soldaten müssen kämpfen

Die Soldaten gruben Schützengräben und Bunker aus. In ihren Stellungen mussten sie monatelang ausharren und wurden beschossen. Dann stürmten sie den Graben der Gegner. Das wiederholte sich viele Male.

Eine neue Waffe waren die U-Boote. Die Deutschen schossen von den U-Booten Torpedos auf Kriegsschiffe, Handelsschiffe und auch auf Passagierschiffe und versenkten sie.

Der Krieg dauerte immer länger. Deshalb wurden immer mehr Waffen und Munition gebraucht. Bald mussten auch Betriebe Waffen herstellen, die eigentlich andere Dinge produzierten.

Weiterführendes: Eine neue Art von Krieg

Es gab viele verschiedene Waffen im Ersten Weltkrieg: Maschinengewehre, U-Boote, Flammenwerfer oder Flugzeuge, die Bomben abwarfen. Eine neue Erfindung war der Panzer. Mit dem Panzer konnte man die Schützengräben des Gegners überrollen.

Zum ersten Mal in einem Krieg wurde Giftgas eingesetzt. Das war eine besonders brutale Waffe. Ganze Gebiete wurden mit Gas vergiftet. Die Menschen atmeten das Gas ein und erstickten. Andere wurden blind.

Der Krieg dauerte lange. Viele Menschen starben oder wurden verletzt. Deshalb schickten die Regierungen immer jüngere Männer an die Front. In Deutschland kämpften Soldaten, die erst 18 Jahre alt waren. Sie wurden nur kurz und schlecht ausgebildet.

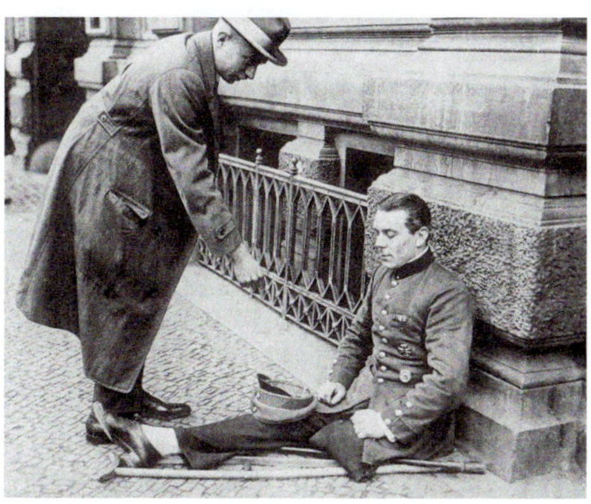

In keinem Krieg zuvor wurden so viele Menschen verletzt oder getötet. Nach dem Krieg konnte man in den Straßen der Städte Kriegsinvaliden sehen. Sie waren blind oder hatten Arme oder Beine verloren. Viele mussten betteln, um zu überleben.

Das kann ich!

1 Schreibe die passenden Wörter in die Lücken.

Imperialismus

→ Afrika, Kolonien, Waffen, Deutschland, Soldaten

Die Mutterländer wie Großbritannien, Frankreich, Belgien oder ______________ wollten mehr Land besitzen.

Sie nahmen Länder in Asien und ______________ in Besitz.

Diese Länder nannten sie ______________.

Die Menschen in den Kolonien konnten dagegen nicht viel machen.

Denn die Mutterländer hatten gut ausgebildete ______________ und bessere ______________.

2 Schreibe zu den Mutterländern jeweils drei Kolonien auf.
Die Karte auf Seite 10 hilft dir dabei.

Mutterländer	Kolonien
Großbritannien	______________ ______________ ______________
Frankreich	______________ ______________ ______________
Deutschland	______________ ______________ ______________

3 Früher gehörte die Kolonie „Deutsch-Südwestafrika“ zu Deutschland.
Wie heißt das Land heute? Ergänze die Sätze.

Heute heißt das Land ______________________________.

Auch heute noch sprechen dort viele Menschen ______________.

4 Von wann bis wann dauerte der Erste Weltkrieg?

____

5 Nenne die Kriegsgegner.

Die Alliierten:	Die Mittelmächte:
______________	______________
______________	______________
______________	______________

6 Schreibe die passenden Wörter unter die Bilder.

→ Schützengraben
Imperialismus
Attentat
Kriegsbegeisterung

____

____

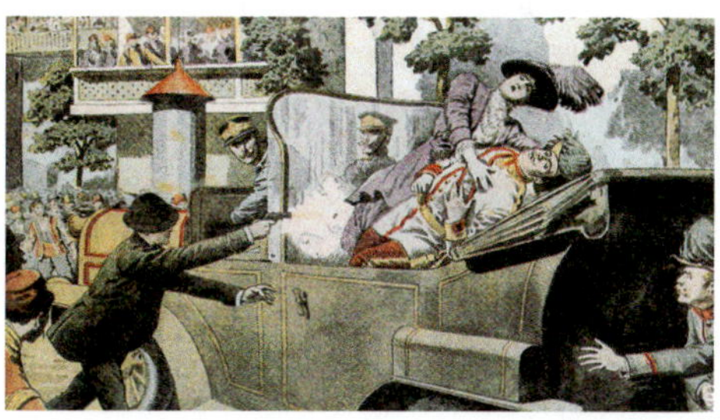

____

____

Die Weimarer Republik 1918 bis 1933

Eine bewegte Zeit

Nach dem Ersten Weltkrieg begann in Deutschland eine sehr bewegte Zeit. In 20 Jahren erlebte Deutschland das Ende der Kaiserzeit, eine neue, moderne Demokratie und auch die Entstehung einer Diktatur.

Die Weimarer Republik hatte von Anfang an mit großen Problemen zu kämpfen. Nach dem verlorenen Ersten Weltkrieg gab es große wirtschaftliche Probleme, eine Inflation und Millionen von Arbeitslosen.

Das größte Problem aber war, dass die Weimarer Republik von Beginn an viele Gegner in der Bevölkerung hatte. So bestimmten starke Unruhen das politische und gesellschaftliche Geschehen in Deutschland.

Im Jahr 1933 kam Adolf Hitler an die Macht.

Die demokratische Weimarer Republik brach zusammen und die nationalsozialistische Diktatur begann.

→ Lexikon S. 108–120
Diktatur
Inflation

Die 20er Jahre in Deutschland waren nicht nur politisch bedeutsam. Es gab auch neue Entwicklungen in der Kunst, Kultur und Technik.

①

②

③

④

⑤

1 Welches Bild passt dazu? Ordne die Bilder zu den folgenden Sätzen. Trage die Bildnummern ein.

Es wurden Häuser gebaut, die auch heute noch modern wirken. ☐

Dieser Film kam 1927 ins Kino. ☐

Das Luftschiff „Graf Zeppelin" startete am 18. September 1928. ☐

Fritz von Opel erreichte 1928 mit seinem Rennwagen die Rekordgeschwindigkeit von 220 km/h. ☐

Die Damen trugen gerne das modische Charleston-Kleid. ☐

2 a) Was habt ihr über die Zeit der Weimarer Republik erfahren?
b) Was möchtet ihr noch über diese Zeit wissen?

Die Novemberrevolution 1918

Deutschland wird eine Republik

Lexikon S. 108–120

Demonstration
Nationalversammlung
Sozialdemokratie
Scheidemann, Philipp

Anfang Oktober 1918 war klar, dass Deutschland den Ersten Weltkrieg verloren hatte. Doch die Führung der Marine wollte sich nicht geschlagen geben. Sie befahl Ende Oktober, dass die Kriegsschiffe auf das Meer fahren und kämpfen sollen. Aber die Matrosen wollten für eine verlorene Sache nicht sterben. Sie weigerten sich zu kämpfen.

Kurz darauf demonstrierten viele tausend Matrosen, Soldaten und Bürger gegen den Krieg. Als es in der Hauptstadt Berlin zu Demonstrationen kam, flüchtete Kaiser Wilhelm II. nach Holland. Deutschland war nun keine Monarchie* mehr. Der sozialdemokratische Politiker Philipp Scheidemann rief die Republik aus.

* Monarchie = Herrschaft eines Einzelnen (z. B. eines Königs)

Da es in der Hauptstadt Berlin zu dieser Zeit Aufstände und Unruhen gab, kam die Nationalversammlung im Jahr 1919 in der Stadt Weimar zusammen. Sie arbeitete eine demokratische Verfassung aus. Aus diesem Grund spricht man von der Weimarer Republik. Deutschland war jetzt eine Demokratie*. Das Volk durfte die Regierung wählen.

* Demokratie = Herrschaft des Volkes (Wahlen)

1 Was passierte im Jahr 1918 in Deutschland? Wie kam es zur Gründung der Weimarer Republik?

2 Warum heißt diese Zeit „Weimarer Republik“? Suche und markiere die Antwort im Text.

Die Novemberrevolution 1918

3 Monarchie oder Demokratie?
Ordne die Wortgruppen den passenden Begriffen zu.

- Deutsches Kaiserreich
- das Volk wählt die Regierung
- der Kaiser regiert das Land
- vor 1918/19
- nach 1918/19
- Weimarer Republik

Monarchie	Demokratie

4 Bringe die folgenden Sätze in die richtige Reihenfolge.
Der Text auf der linken Seite hilft dir dabei.

Der Kaiser flüchtete nach Holland.	1.
Der Krieg war verloren.	2.
Die Matrosen wollten jetzt nicht mehr umsonst sterben.	3.
Überall gab es Demonstrationen.	4.
Deutschland wurde eine Republik.	5.
Deutschland war nun keine Monarchie mehr.	6.

Der Versailler Vertrag

1 Seht euch das Bild genau an.
Achtet auf die Sprechblasen und die Schilder.

Deutschland hat den Krieg verloren

Nach dem Ende des Krieges legten die Sieger Deutschland den Versailler Vertrag vor. In dem Vertrag stand, dass Deutschland und seine Verbündeten allein schuld am Ersten Weltkrieg sind. Deutschland sollte Gebiete an seine Nachbarn abgeben. Außerdem forderten die Sieger sehr viel Geld, Kohle, Maschinen und anderes mehr für Kriegsschäden. Diese Forderungen nannte man „Reparationen“. Deutschland verlor auch seine Kolonien.

Die Sieger verlangten, dass Deutschland den Versailler Vertrag unterzeichnet. Die Sieger des Krieges drohten damit, Deutschland mit ihren Soldaten zu besetzen. Deshalb unterschrieb ein Vertreter der deutschen Regierung den Versailler Vertrag.

2 Warum protestierten die Menschen gegen den Versailler Vertrag?

Der Versailler Vertrag

Deutschland nach dem Versailler Vertrag 1920

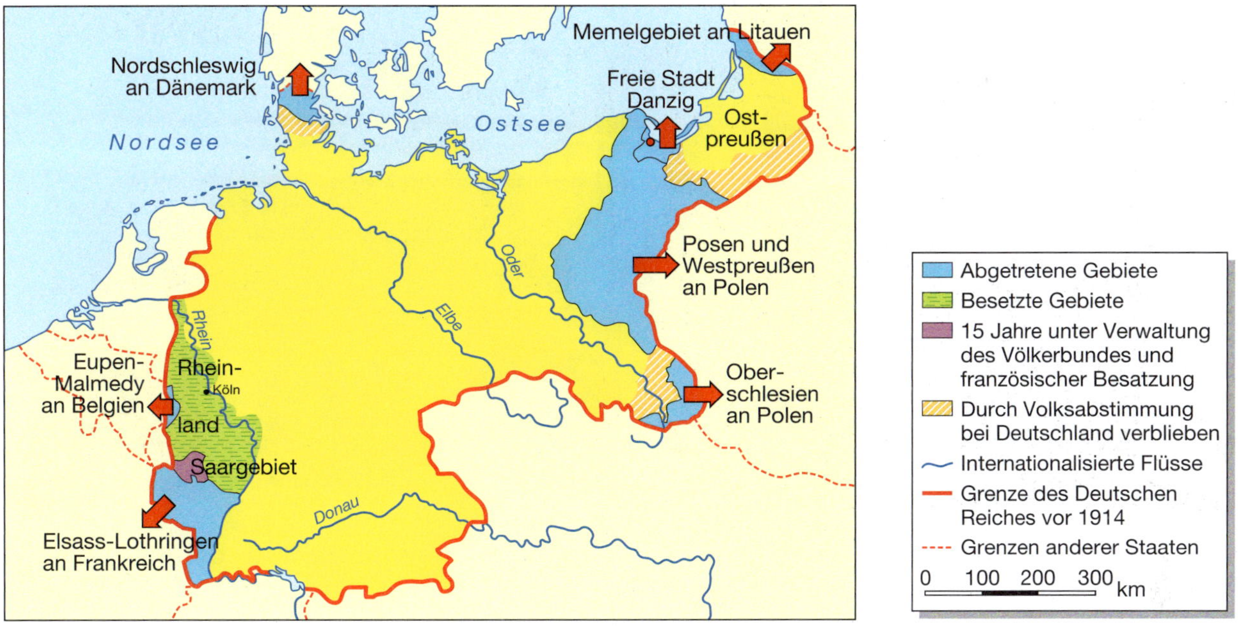

3 Ergänze die Namen für die Gebiete und die Ländernamen.

➔ So lese ich eine Karte
Umschlagklappe vorne

Diese Gebiete gehörten nicht mehr zu Deutschland:		**Sie gehörten nun zu:**
______________________	→	______________________
______________________	→	______________________
______________________	→	______________________
______________________	→	______________________
______________________	→	______________________
______________________	→	______________________

4 Was forderten die Sieger von Deutschland? Ergänze.

Geld: ______________________ Goldmark in ________ Jahren

Sachlieferungen: ______________________

____

Deutschland verlor auch ______________________.

Die große Inflation

Kinder bauen aus Geldscheinen Spielsachen.

Geldschein und Briefmarken aus der Inflationszeit

1 Beschreibt, was ihr auf den Abbildungen seht.

Inflation = Es wird immer mehr Geld gedruckt. Aber es gibt nicht mehr Waren zu kaufen. Deshalb werden die Waren immer teurer. Das Geld wird immer weniger wert.

Das Geld ist nichts mehr wert

Nach dem Krieg gab es in Deutschland große Probleme. Nun kamen viele Soldaten aus dem Krieg zurück. Auch für sie gab es keine Arbeit. Die Arbeitslosigkeit war hoch. Außerdem musste Deutschland nach dem Versailler Vertrag Reparationen zahlen. Deshalb beschloss die Regierung, mehr Geldscheine zu drucken. Aber das half nicht. Es gab nicht mehr Lebensmittel oder andere Dinge als vorher zu kaufen. Deshalb wurde alles viel teurer. Die Regierung ließ noch mehr Geldscheine drucken. Aber auch die Preise erhöhten sich immer weiter. Die Menschen mussten ihren Lohn mit Wäschekörben transportieren. Sie gaben das Geld sofort aus, denn nach ein paar Stunden war es nichts mehr wert. Schließlich war das Geld gar nichts mehr wert. Erst eine Währungsreform konnte die große Inflation stoppen. 1924 wurde ein neues Geld eingeführt: die Reichsmark.

→ Lexikon S. 108–120 Währungsreform

Die große Inflation

2 Wie viel kostete ein 1 kg Brot in der Inflationszeit? Trage ein.

Preis für 1 kg Brot		
1914		0,32 Mark
1919	Dezember	0,80 Mark
1921	Juni	3,90 Mark
1922	Juli	53,15 Mark
1923	Januar	250,00 Mark
	Februar	389,00 Mark
	Juni	1428,00 Mark
	August	69 000,00 Mark
	September	1 512 000,00 Mark
	Oktober	1 743 000 000,00 Mark
	November	201 000 000 000,00 Mark

So viel kostete 1 kg Brot

1914: ____________ Mark

Juni 1923: ____________ Mark

September 1923:

____________________ Mark

3 Bringe die Sätze in die richtige Reihenfolge. Nummeriere sie.

☐ Erst eine Währungsreform konnte die Inflation stoppen.

☐ Die Regierung ließ mehr Geld drucken.

☐ Schließlich war das Geld gar nichts mehr wert.

1 Nach dem Krieg gab es in Deutschland große Probleme.

☐ Aber es gab nicht mehr Waren zu kaufen.

☐ Deshalb wurde alles immer teurer.

4 Schreibe die Sätze in der richtigen Reihenfolge auf.

1. ____

____

2. ____

3. ____

4. ____

5. ____

6. ____

____

Die „Goldenen Zwanziger“ Jahre

Otto Dix: Großstadt

1 Beschreibt die Bilder.

Es geht voran!

Nach der Inflation ab 1924 ging es vielen Menschen besser. Die deutsche Regierung verhandelte mit den Siegern des Ersten Weltkrieges über die Reparationen. Deutschland musste weniger bezahlen als im Versailler Vertrag stand.

Andere Länder, vor allem die USA, liehen Deutschland Geld. Das war gut für die Wirtschaft. In den Fabriken wurde mehr produziert. Autos wurden am Fließband viel schneller als bisher hergestellt. Man baute nun Flugzeuge und riesige Passagierschiffe. Die Menschen verdienten mehr Geld. Das Geld war wieder etwas wert.

Vor allem in den großen Städten veränderte sich viel. In den Straßen sah man viel mehr Autos als früher. Straßenbahnen brachten die Leute zur Arbeit. Die Menschen gingen ins Kino oder zu Tanzveranstaltungen. Viele Menschen fanden die Weimarer Republik in dieser Zeit gut. Darum nennt man diese Jahre auch die „Goldenen Zwanziger“.

2 Was wurde in dieser Zeit besser? Markiere die Antwort im Text.

3 Warum nannte man diese Jahre die „Goldenen Zwanziger“?

Die „Goldenen Zwanziger" Jahre

4 Was passt zusammen? Verbinde.

Nach der Inflation folgten einige Jahre, …	… weniger Kriegschulden bezahlen.
Deutschland musste …	… mehr Geld.
In den Fabriken …	… diese Zeit gut.
Viele Menschen fanden …	… in denen es den Menschen besser ging.
Die Menschen verdienten …	… wurde wieder produziert.

5 Schreibe zu jedem Bild 1 bis 2 Sätze auf. Die Wörter am Rand helfen dir.

① 

② 

→ Die moderne Frau, modisch, fahren, rauchen

→ In der Schule, Experimente, Unterricht, lernen, entdecken

→ Menschen, viel Geld, Flugzeuge, verreisen

→ Autos herstellen, Fließband, schneller

③ 

④ 

Weltwirtschaftskrise und Arbeitslosigkeit

1 a) Beschreibt die Bilder.
b) Was könnten die Menschen gedacht oder gesagt haben?

Die Zahl der Arbeitslosen steigt

Im Oktober 1929 begann eine weltweite Wirtschaftskrise. Diese Wirtschaftskrise brachte für viele Länder große Probleme. Die Betriebe konnten ihre Produkte nicht mehr verkaufen. Deshalb entließen sie viele Mitarbeiter. Immer mehr Menschen wurden arbeitslos.

Die Arbeitslosen bekamen nur sehr wenig Geld vom Staat. Damit konnten sie ihre Familien kaum ernähren. In Deutschland gaben viele Menschen der Weimarer Republik die Schuld an ihrer schwierigen Situation. Darum wählten immer mehr Menschen politische Parteien, die gegen die Weimarer Republik und gegen die Demokratie waren. Die Partei von Adolf Hitler, die Nationalsozialistische Partei (NSDAP), war gegen die Weimarer Republik und gegen die Demokratie. Hitler versprach, dass er alle Probleme lösen kann. Viele Menschen glaubten ihm. Deshalb gewann die NSDAP die meisten Wählerstimmen.

Ab Juli 1932 hatten die nicht demokratischen Parteien mehr als 50%, also mehr als die Hälfte der Wählerstimmen. Die demokratischen Parteien konnten nicht mehr regieren.

NSDAP = Nationalsozialistische Deutsche Arbeiterpartei

DNVP = Deutschnationale Volkspartei

KPD = Kommunistische Partei Deutschlands

SPD = Sozialdemokratische Partei Deutschlands

Zentrum = auch Zentrumspartei genannt, Partei der Katholiken

BVP = Bayerische Volkspartei

2 Was passierte im Jahr 1929?

Weltwirtschaftskrise und Arbeitslosigkeit

Immer mehr Menschen in Deutschland wählten Parteien, die gegen die Weimarer Republik waren.

3 Übertragt die Zahlen aus den Diagrammen in die Tabelle.

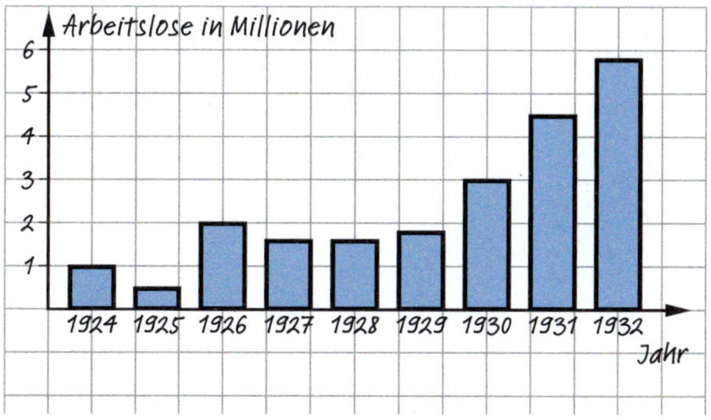

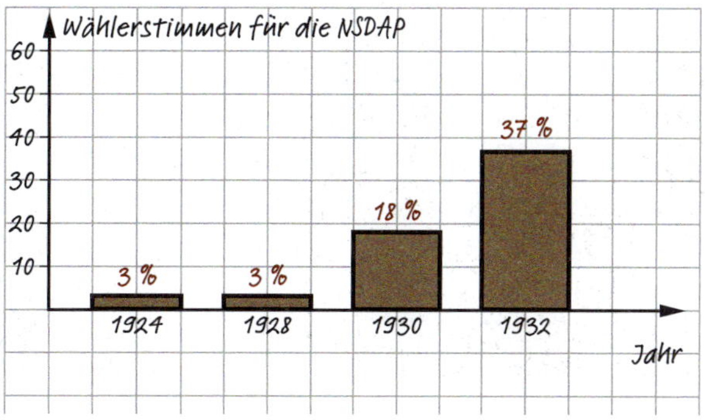

Jahr	1924	1928	1930	1932
Arbeitslose in Millionen				
Wählerstimmen für die NSDAP in %				

4 Vergleiche die Entwicklung der Arbeitslosenzahlen und die Entwicklung der Wählerstimmen für die NSDAP. Was kannst du feststellen?

5 Aus welchem Grund wählten die Menschen Parteien, die gegen die Weimarer Republik und gegen die Demokratie waren? Suche und markiere die Gründe im Text. Schreibe einen Grund auf.

Das Ende der Weimarer Republik

Wahlplakat, 1932

1 Nennt mögliche Gründe, warum die Menschen Hitler zujubelten.

Hitler wird Reichskanzler

Immer mehr Menschen wählten Parteien, die gegen die Demokratie waren. Die meisten Stimmen bekam die NSDAP. Die NSDAP war die Partei von Adolf Hitler. So wurde Hitler im Januar 1933 Reichskanzler. Er begann sofort mit dem Aufbau einer Diktatur. Das war das Ende der Weimarer Republik.

Was ist ein politisches Plakat?

Politische Parteien versuchen, mit Plakaten Wähler zu gewinnen. Die Wähler sehen sich die Plakate meistens nur kurz an. Sie bleiben nicht lange vor einem Plakat stehen und lesen lange Texte. Darum ist auf einem politischen Plakat alles sehr einfach zu verstehen. Politische Plakate wollen die Menschen überzeugen.

Methode

Ein politisches Plakat verstehen

Die folgenden Arbeitsschritte helfen euch, das Plakat zu verstehen.

2 Bearbeitet die ersten 2 Schritte im Klassengespräch.

> **1 Beobachtung:**
> **Betrachte das Plakat. Wie ist dein erster Eindruck?**
>
> **2 Beschreibung:**
> **Beschreibe das Plakat so genau wie möglich:**
> **Wer oder was ist auf dem Plakat zu sehen?**
> **Was tun die Menschen?**

3 Ergänze die Sätze mit passenden Wörtern.

> **3 Deutung:**
> **Stelle Fragen zu dem Plakat.**
> **Beantworte sie.**

Wer wird mit dem Plakat angesprochen?

Das Plakat spricht alle Menschen an:

Arbeiter, ____________________,

alle Menschen, die in einer ähnlichen ____________ sind.

→ Angestellte, Familien, alte Menschen
Situation
Arbeitslose
verzweifelt

In welchem Zusammenhang steht das Plakat?

Im Jahr 1932 gab es in Deutschland

über 6 Millionen ____________.

Sehr viele Menschen waren zu dieser Zeit ____________.

Wie lautet der Text auf dem Plakat? Was sollen die Menschen tun?

Der Text auf dem Plakat lautet: ____________________

____

____

Das kann ich!

1 Ordne den Bildern die Sätze zu.

Die Regierung ließ immer mehr Geld drucken. Aber das Geld war nichts wert. Die Menschen verloren ihr erspartes Geld. Sie waren wütend auf die Regierung.

Am Ende des Krieges gab es einen Matrosenaufstand. Dann demonstrierten die Menschen gegen den Krieg. Der Kaiser flüchtete nach Holland. Deutschland wurde eine Demokratie.

Auf der ganzen Welt gab es Probleme in der Wirtschaft. Viele Millionen Menschen verloren ihre Arbeit und wurden arbeitslos.

Deutschland hatte den Krieg verloren. Die Sieger gaben Deutschland die ganze Schuld für den Krieg. Deutschland verlor viel Land und seine Kolonien. Es sollte sehr viel Geld an die Sieger bezahlen.

Viele Menschen waren verzweifelt. Sie glaubten, dass Hitler ihnen helfen kann. Nicht wenige waren sicher, dass er die letzte Hoffnung ist. So gewann Hitler viele Wählerstimmen.

In dieser Zeit ging es vielen Menschen besser. Die Fabriken produzierten wieder mehr. Die Menschen verdienten mehr Geld.

2 Schreibe die richtigen Jahreszahlen in die Lücken.

Das Ende des Kaiserreichs/der Beginn der Weimarer Republik: ____________

Hitler kommt an die Macht/das Ende der Weimarer Republik: ____________

3 Erkläre das Bild und was die Männer sagen.

„Für den Sack müssen Sie auch einen Fahrschein lösen."
„Erlauben Sie mal, das ist das Fahrgeld, das ich Ihnen geben will."

____

____

____

____

____

____

4 Richtig oder falsch? Kreuze an.

	richtig	falsch
Nach dem Versailler Vertrag war Deutschland größer.	☐	☐
Die deutsche Regierung unterschrieb den Versailler Vertrag freiwillig.	☐	☐
Nach dem Versailler Vertrag bekam Deutschland Geld.	☐	☐
Bei einer Inflation wird das Geld immer weniger wert.	☐	☐
Die Menschen fanden die Inflation gut.	☐	☐
In den „Goldenen Zwanzigern" ging es vielen Menschen besser.	☐	☐
Zur Zeit der Weltwirtschaftskrise fanden viele Menschen Arbeit.	☐	☐
1932 gewann die NSDAP die meisten Wählerstimmen.	☐	☐

Nationalsozialismus und Zweiter Weltkrieg

Hitler führt die Welt in den Krieg

Am Ende der Weimarer Republik gaben viele Deutsche bei den Wahlen der NSDAP* ihre Stimme. Sie glaubten, dass Hitler und seine Anhänger das Land aus der Wirtschaftskrise führen können. Als Hitler 1933 Reichskanzler wurde, gab es in vielen Städten Fackelzüge und viele Tausend Menschen jubelten ihm zu. Hitler verfolgte aber von Anfang an einen Plan. Er und seine Anhänger wollten sich nicht damit abfinden, dass Deutschland den Ersten Weltkrieg (1914–1918) verloren hatte. Darum bereitete er einen neuen Krieg vor. Der Zweite Weltkrieg führte zur Zerstörung vieler Länder und kostete über 50 Millionen Menschen das Leben. Schließlich lagen große Teile Europas in Schutt und Asche.

* NSDAP = Nationalsozialistische Deutsche Arbeiterpartei

**Wie konnte es zu diesem „dunklen Kapitel" in der Geschichte kommen?
Auf den folgenden Seiten erfährst du viel über die Zeit des Nationalsozialismus in Deutschland und über den Verlauf des Zweiten Weltkrieges.**

①

②

③

④

⑤

1 Welches Bild passt dazu? Ordne die Bilder zu den folgenden Sätzen. Trage die Bildnummer ein.

Kinder und Jugendliche in Uniform begrüßten den „Führer" begeistert mit dem Hitlergruß.	☐
Hitlers Propaganda erreichte die meisten Menschen durch das Radio.	☐
Der Zweite Weltkrieg kostete über 50 Millionen Menschen das Leben.	☐
Auch Mädchen waren in den NS-Jugendorganisationen.	☐
Nach dem Zweiten Weltkrieg lagen viele Städte in Europa in Trümmern.	☐

2 Was wisst ihr bereits über den Zweiten Weltkrieg?

Der Aufbau der NS-Diktatur

→ der Hitlergruß
die Uniform
das Hakenkreuz
der Reichsadler
die Diktatur

die Macht ergreifen

die Menschen beeinflussen

1 Beschreibt das Bild.

Von der Machtübernahme zur Diktatur

→ Textknacker Umschlagklappe hinten

Hitler wurde am 30. Januar 1933 zum Reichskanzler ernannt. Er begann sofort mit dem Aufbau einer Diktatur.

Zuerst setzte er die Grundrechte der Weimarer Verfassung außer Kraft. Das heißt, die Gewalt im Staat war nicht mehr geteilt wie in der Weimarer Republik, sondern die Macht lag allein in seiner Hand. Eine Notverordnung „zum Schutze von Volk und Staat" erlaubte ihm, seine Macht mit allen Mitteln durchzusetzen. Diese Mittel waren: der Terror und die Propaganda.

Die Nationalsozialisten terrorisierten ihre politischen Gegner. Jeder konnte ohne Gerichtsverfahren verhaftet werden. Die Gegner wurden in einem Gefängnis oder in einem Konzentrationslager festgehalten. Viele von ihnen wurden gefoltert oder ermordet.

2 Was habt ihr über die Machtübernahme von Hitler erfahren?

Der Aufbau der NS-Diktatur

Gleichzeitig beeinflussten die Nationalsozialisten die Menschen durch politische Propaganda.

Von Aufmärschen, Fackelzügen und politischen Reden, bei denen zahlreiche Hakenkreuzfahnen zu sehen waren, ließen sich viele Menschen beeindrucken. Die NS-Regierung förderte den Besitz von Radios („Volksempfängern"), damit jeder die Reden von Hitler und die Nazi-Propaganda hören konnte. Immer wieder gaben die Nationalsozialisten im Radio oder bei politischen Reden den anderen Parteien und den Juden die Schuld für alle Probleme.

Mitglieder der Partei KPD* wurden verhaftet. Die Partei SPD* wurde verboten. Alle anderen Parteien außer der NSDAP* lösten sich selbst auf. Es gab keine Wahlen mehr.
Nach und nach wurden alle wichtigen Stellen mit Anhängern Hitlers besetzt. Ab 1934 nannte sich Hitler „Reichskanzler und Führer".
Die Reichswehr legte einen Treueid auf die Person Hitlers ab.
Damit war die Gleichschaltung vollzogen und die NS-Diktatur aufgebaut.

* KPD = Kommunistische Partei Deutschlands
* SPD = Sozialdemokratische Partei Deutschlands
* NSDAP = Nationalsozialistische Deutsche Arbeiterpartei

3 Demokratie oder Diktatur? Ordne die Begriffe in die Tabelle ein.

Demokratie	Diktatur

→ Wahlen / keine Wahlen mehr / Weimarer Republik / Nationalsozialismus / keine Gewaltenteilung mehr / Gewaltenteilung / die Grundrechte gelten / Grundrechte gelten nicht

4 Wem gaben die Nationalsozialisten die Schuld für alle Probleme?

Das Leben im Nationalsozialismus

Auf dieser Doppelseite könnt ihr das Leben von zwei Personen im nationalsozialistischen Deutschland näher untersuchen.

Diese Fragen helfen euch dabei:

a) Wie heißt die Person?
b) Wie alt war die Person, als die NS-Diktatur in Deutschland herrschte?
c) Gehörte die Person einer Jugendorganisation an? Wenn ja, welcher?
d) Was hat die Person während der NS-Herrschaft erlebt?
e) Wie empfand die Person diese Zeit?
f) Was berichtet die Person über das Leben der Erwachsenen damals?

1 Arbeite mit einem Partner. Beantwortet die Fragen mithilfe der folgenden Bilder und Texte.

Alltag unter dem Hakenkreuz

Herbert Schmidt erzählt von seiner Kindheit und Jugend:

„Mit 10 Jahren kamen wir Jungen zum Deutschen Jungvolk. Im Alter von 14 Jahren gingen wir dann zur Hitlerjugend (HJ). Meine Schwester Erna war zuerst bei den Jungmädeln, dann ab 14 im Bund Deutscher Mädel (BDM). Wir trugen Uniformen und Abzeichen wie das Hakenkreuz. Ab 1939 wurde es Pflicht für jedes deutsche Mädchen und jeden deutschen Jungen zum BDM und zur HJ zu gehören. Für uns war das ganz normal. Ehrlich gesagt, wollten wir das auch. Hier gab es Zeltlager mit Lagerfeuerabenden, Aufmärsche oder Spiele und Schießübungen. Das fanden wir natürlich gut. Dass wir damit auch auf den Krieg vorbereitet wurden, darüber haben wir gar nicht nachgedacht."

„Auch die meisten Erwachsenen gehörten einer NS-Organisation an. Mein großer Bruder wurde beim Arbeitsdienst für Erntearbeiten eingeteilt. Später wurde er zur Wehrmacht eingezogen. Etwa in dem gleichen Alter traten viele Männer der SA oder der SS bei. Arbeiter und Handwerker waren in der Deutschen Arbeitsfront. Frauen gehörten meistens der NS-Frauenschaft an. Mein Bruder ist dann später im Krieg an der Front in Russland gefallen."

Das Leben im Nationalsozialismus

Amelia Rosenberg erzählt:

„Als jüdisches Mädchen war es nicht so leicht für mich. In der Schule wurden jüdische Kinder und Jugendliche oft diskriminiert. Es gab Lehrer, die sagten ganz offen, dass Hitler Recht hat und die Juden an allem schuld sind. Ich konnte überhaupt nicht verstehen, woran meine Eltern oder ich die Schuld haben sollten. Es gab natürlich auch andere Lehrer. Ich erinnere mich besonders an einen. Ich hatte oft das Gefühl, er wollte mir etwas Freundliches sagen, traute sich aber nicht."

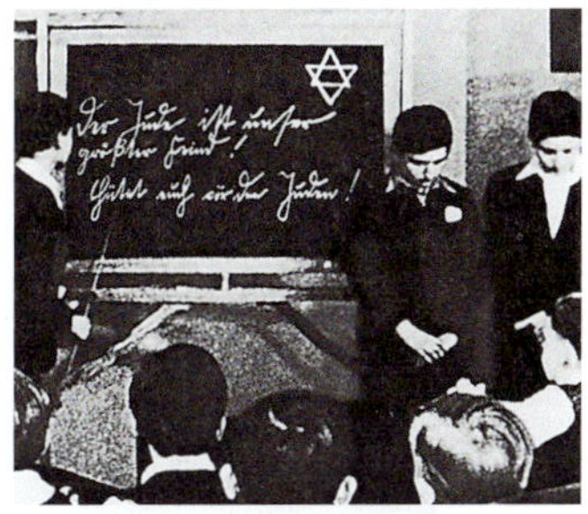

An der Tafel steht: „Der Jude ist unser größter Feind! Hütet euch vor den Juden!"

„Den erwachsenen Juden ging es auch nicht besser. Juden durften bestimmte Berufe nicht ausüben. Jüdische Ärzte durften keine Deutschen mehr behandeln, so wurde auch mein Vater bald arbeitslos. Jüdische Geschäfte wurden boykottiert: Vor den Eingängen standen SA-Männer und hinderten die Menschen daran, in das Geschäft zu gehen. In der ‚Reichspogromnacht' 1938 zündeten die Nazis die Synagogen an, so heißen unsere Gotteshäuser. Jüdische Geschäfte wurden geplündert und zerstört. Viele Juden wurden brutal geschlagen, ermordet oder in den Selbstmord getrieben. All das war aber erst der Anfang der nationalsozialistischen Judenverfolgung. Ich habe nur überlebt, weil meine Eltern mit mir noch rechtzeitig in die USA flüchten konnten."

2 Bearbeitet zuerst die Fragen a) bis c) von Seite 44 oben.

a) Markiert die Antwort in den Texten.
b) Formuliert eure Antwort in ganzen Sätzen.
c) Schreibt die Antwort auf ein Blatt.

3 Bearbeitet die Fragen d) bis f) selbstständig. Geht so vor wie bei Aufgabe 2.

4 Erklärt, warum Herbert Schmidt gern zu den Jugendorganisationen der Nationalsozialisten gehörte.

5 Erklärt, warum Amelia Rosenberg mit ihrer Familie flüchten musste.

Der Zweite Weltkrieg 1939–1945

Der Zweite Weltkrieg begann mit einem militärischen Überfall.

Der Eroberungskrieg Hitlers bis 1942

Am 1. September 1939 griff das nationalsozialistische Deutschland Polen an und überrannte das Land in wenigen Wochen. Darauf folgten weitere Überfälle auf Frankreich, auf die Niederlande und auf andere Länder in Europa. Gegen England wurde mit U-Booten gekämpft. Viele englische Städte wurden auch bombardiert. Es gelang Deutschland aber nicht, Großbritannien zu erobern.

1941 überfiel Hitler die Sowjetunion, obwohl er zuvor mit diesem Land einen Nichtangriffspakt geschlossen hatte. Mit dem Feldzug im Osten wollte Hitler „Lebensraum" für das nationalsozialistische Deutschland gewinnen. Die Zivilbevölkerung litt sehr unter der deutschen Besatzung. Ohne Grund wurden Tausende von Menschen willkürlich getötet. Bis Ende 1942 konnte Deutschland sein Machtgebiet ausdehnen.

1 Was habt ihr über den Kriegsbeginn erfahren?

2 Wann war der Machtbereich Deutschlands am größten?

3 Welche Länder standen zu dieser Zeit unter der Kontrolle Deutschlands?

Der Zweite Weltkrieg 1939–1945

Der Krieg in Europa endete mit der Kapitulation von Deutschland.

Wendepunkt im Krieg und die Niederlage Deutschlands

Die Kriegswende war die Schlacht bei Stalingrad im Winter 1942/43. Hier wurde der Vormarsch der deutschen Armee von der Sowjetunion gestoppt. Es gab große Verluste auf beiden Seiten. Deutschland hat im „Kessel von Stalingrad“ 150 000 Soldaten verloren. Weitere 90 000 kamen in russische Kriegsgefangenschaft.

Hitlers Armee wurde nach und nach an allen Fronten zurückgedrängt. Im Juni 1944 landeten in der Normandie in Frankreich britische und US-amerikanische Soldaten. Die Landung der Alliierten am 6. Juni 1944 bezeichnen wir auch als D-Day. Die Streitmächte drangen vom Westen nach Deutschland ein.

Für den Endkampf wurde in Deutschland alles mobilisiert.
Hitler befahl, dass nun auch Jugendliche eingesetzt werden müssen.

Leonard Schetter, 1946

Leonard Schetter, heute

Leonard Schetter berichtet:
„Wir wurden militärisch nur kurz ausgebildet. Es passierte am 30. April 1945, nur wenige Tage vor dem Ende des Krieges in Deutschland. Ich war damals 16 Jahre alt. Bei einem großen Granatangriff des Gegners wurde ich am rechten Oberschenkel schwer verwundet. Ich kam ins Lazarett* Magdeburg. Dort hat man mir das rechte Bein amputiert. Viele andere Jungen in meinem Alter starben in den letzten Tagen des Krieges.“

* Lazarett = Krankenhaus für Soldaten

Im Mai 1945 war das nationalsozialistische Deutschland besiegt. Hitler beging in Berlin in seinem Bunker Selbstmord. Einige Tage später unterschrieb der Chef der Wehrmacht die Kapitulation Deutschlands. Weite Teile Europas lagen in Trümmern. Insgesamt kostete der Zweite Weltkrieg mehr als 50 Millionen Menschen das Leben.

4 Erklärt, warum die Schlacht bei Stalingrad die Kriegswende bedeutete.

5 Was habt ihr über das Ende des Zweiten Weltkrieges erfahren?

6 Wie alt war Leonard Schetter, als er im Krieg eingesetzt wurde?

Die Judenverfolgung und der Holocaust

Während der Zeit des Nationalsozialismus konnten jüdische Menschen in Deutschland nicht mehr in Sicherheit leben. Sie wurden von der NS-Diktatur verfolgt. Bis Ende 1938 flüchteten viele von ihnen ins Ausland.

Hitlers Rassenwahn und der Antisemitismus*

* Antisemitismus = Feindschaft und Gewalt gegen Jüdinnen und Juden

Nach Hitlers Vorstellungen gab es höherwertige und minderwertige „Menschenrassen". Insbesondere Juden wurden als minderwertige Menschen angesehen. Juden wurden ab 1933 systematisch aus der Gesellschaft ausgegrenzt. Sie hatten immer weniger Rechte, schließlich durften sie keine Arbeit mehr ausüben und keine Geschäfte haben. Juden und Deutsche durften auch keine Ehe schließen. 1935 wurden diese Regelungen auch als Gesetze festgelegt.

Konzentrationslager (ab 1933)

Ab 1933 errichteten die Nationalsozialisten die ersten Konzentrationslager (Beispiel: Dachau). Hier wurden zunächst politische Häftlinge, später auch Juden und andere Verfolgte eingesperrt. Diese Lager wurden von der SA geführt. Die Häftlinge mussten hier Zwangsarbeit leisten. Die Arbeit war sehr hart und die Lebensumstände im Lager sehr schlecht. Die Menschen bekamen zu wenig zu essen und starben oft an Hunger oder Krankheiten.

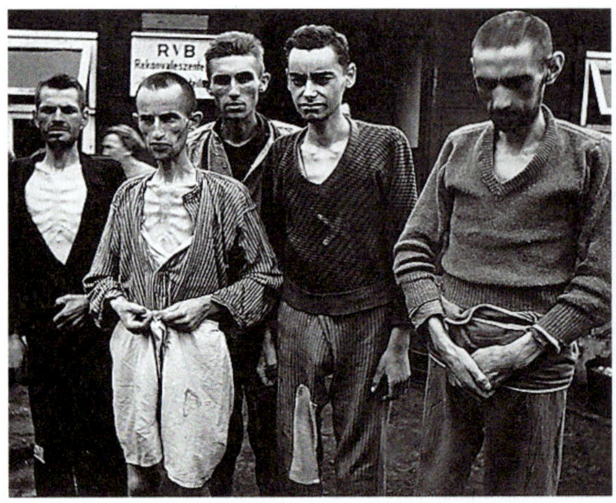

Ghettos und Deportation* (ab 1939)

* Deportation = jemanden zwangsweise verschleppen

Im Zweiten Weltkrieg eroberten die Nationalsozialisten weite Teile Europas. Hier wurden vor allem Juden zusammengetrieben und zunächst in abgetrennte Stadtviertel (Ghettos) gesperrt. Diese Wohnbezirke wurden mit Mauern und Stacheldraht umgeben. Die Menschen mussten einen gelben Stern auf der Kleidung tragen. Sie durften das Ghetto nur mit einer Sondergenehmigung verlassen. Ab 1941 wurden viele Tausend Juden in Vernichtungslager deportiert.

1 Was passierte mit der jüdischen Bevölkerung in Deutschland unter der NS-Herrschaft?

Die Judenverfolgung und der Holocaust

Im Juli 1941 beschloss die NS-Führung die „Endlösung der Judenfrage." Aus ganz Europa wurden die Juden verschleppt und in die Vernichtungslager deportiert.

Vernichtungslager (1941–1945)

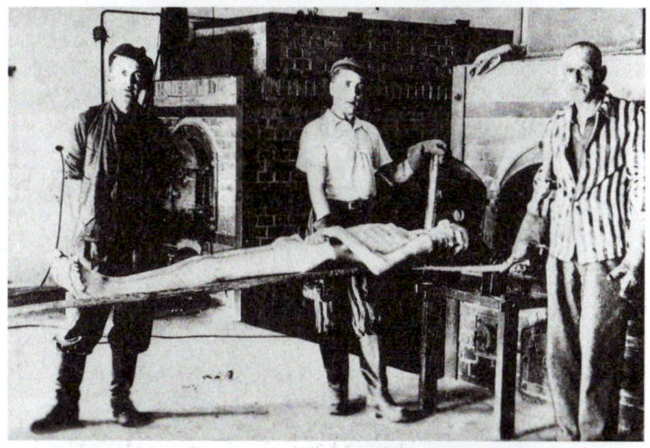

Ab 1941 wurden Vernichtungslager vor allem im Osten gebaut (Beispiel: Auschwitz). Diese Lager wurden von der SS geführt. Hier wurden Millionen von Menschen ermordet. Nach der Ankunft wurden die Menschen zuerst selektiert. In die eine Gruppe kamen diejenigen, die Zwangsarbeit leisten sollten. In die andere Gruppe kamen die, die als „nichtarbeitsfähig" galten.

Die „nichtarbeitsfähigen" Menschen wurden sofort getötet. Sie wurden erschossen, erschlagen oder in Gaskammern mit einem giftigen Gas erstickt. Es wurden so viele Menschen ermordet, dass man die Toten in Öfen verbrannte.

Insgesamt ermordeten die Nationalsozialisten etwa 6 Millionen Juden und über 250 000 Sinti und Roma. In Deutschland wurden mindestens auch 100 000 behinderte Menschen getötet.

Während des Krieges ermordeten die Nationalsozialisten Millionen von Menschen. Den Massenmord an diesen Menschen bezeichnet man als „Holocaust".

2 Erklärt, was die Nationalsozialisten unter der „Endlösung der Judenfrage" verstanden haben.

3 Nach dem Krieg kamen viele KZ-Aufseher vor Gericht. Sie haben oft behauptet, sie hätten keine Schuld, sie haben nur auf Befehl gehandelt. Beurteilt diese Aussage.

4 Wenn ihr über dieses Thema mehr wissen wollt, empfehlen wir euch folgende Bücher.

Das Tagebuch von Anne Frank

Der Junge im gestreiften Pyjama

Spurensuche vor Ort

Auf dem Bild seht ihr Stolpersteine. Der Künstler Gunter Demnig verlegt diese Steine in Städten und Gemeinden. An diesen Stellen haben Menschen gelebt, die von den Nationalsozialisten deportiert, ermordet oder in den Selbstmord getrieben wurden. Es wurden schon über 17 000 solcher Stolpersteine in über 400 Städten in Deutschland, in den Niederlanden, Polen, Österreich, Tschechien, der Ukraine und Ungarn in das Pflaster von Gehwegen eingelassen.

In der Stadt Münster, in der Aegidiistraße, kann man diese Stolpersteine finden:

1 Was denkt ihr, warum heißen diese Steine „Stolpersteine"? Was sollen die Stolpersteine bewirken?

2 Gibt es solche Stolpersteine auch in eurer Stadt oder in eurer Gemeinde?

3 Sucht nach Stolpersteinen in eurem Wohnort. Fotografiert sie und fragt nach Namen, Wohnort und Lebensdaten der verstorbenen Person.

4 Seht euch die Stolpersteine auf der linken Seite noch einmal an.
Notiert die Lebensdaten der verstorbenen Personen.

Wohnort, Straße	Namen der Opfer	Lebensdaten geboren/deportiert/gestorben/ermordet	Ort, wo er/sie gestorben sind/ermordet wurden
	1.		
	2.		
	3.		

Es gibt auch andere Orte der Erinnerung.
Viele Gedenkstätten, Mahnmale und Gedenksteine, erinnern uns an die Opfer des Zweiten Weltkrieges und an den Holocaust.

Mahnmal in Bautzen

Mahnmal in Berlin

Gedenkstätte in Stuttgart

Mahnmal für die "Weiße Rose" in München

Gibt es in eurem Wohnort oder in der Nähe auch eine NS-Gedenkstätte? Erkundigt euch danach.

5 Wählt eine Gedenkstätte aus und besucht sie.

Menschen leisten Widerstand

Nicht alle waren mit der Politik der Nationalsozialisten einverstanden. Vor allem mit dem Beginn des Krieges wurden Widerstandskämpfer aktiv. Das konnte sehr gefährlich sein. Etwas gegen Hitler oder gegen den Nationalsozialismus zu sagen, konnte das Leben kosten.

Georg Elser war seit 1938 davon überzeugt, dass Hitler einen Krieg beginnen wird. Er wollte das große Unheil für Deutschland durch den Tod Hitlers verhindern. 1938 verübte er in München ein Attentat auf Hitler. Aber Hitler wurde nicht getötet, weil er den Raum, in dem die Bombe explodierte, früher als geplant verließ. Georg Elser wurde festgenommen und wenige Wochen vor Ende des Krieges im KZ Dachau ermordet. Als Grund für sein Attentat sagte er selbst: „Ich hab´ den Krieg verhindern wollen."

Die Widerstandsgruppe „Weiße Rose" um die Geschwister Sophie und Hans Scholl bestand zum größten Teil aus Studenten. Sie waren empört darüber, wie die NS-Diktatur mit Juden und mit politischen Gegnern umging. Die „Weiße Rose" verfasste Flugblätter, in denen sie die Verbrechen Hitlers anprangerten. Diese Flugblätter verschickten sie in Briefen. Nachts schrieben sie an Häuserwände „Nieder mit Hitler" und „Freiheit". Als Sophie und Hans Scholl Flugblätter in München auslegten, wurden sie festgenommen. Sophie und Hans Scholl wurden in München hingerichtet.

Das bekannteste militärische Attentat auf Hitler verübte der Offizier Claus Schenk Graf von Stauffenberg am 20. Juli 1944. Stauffenberg und seine Mitverschwörer waren entsetzt von den Massenmorden der Nationalsozialisten in Polen und Russland. Außerdem waren sie überzeugt, dass der Krieg für Deutschland längst verloren war. Der Krieg sollte beendet werden. Aber die Bombe, die Stauffenberg zündete, tötete Hitler nicht. Etwa 200 Menschen, die mit dem Attentat und dem geplanten Staatsstreich in Verbindung gebracht wurden, ließ Hitler hinrichten.

➔ Filmtipps:
Zu diesem Thema könnt ihr folgende Filme sehen:
- „Georg Elser – Einer aus Deutschland" (1989)
- „Sophie Scholl – Die letzten Tage" (2005)
- „Stauffenberg" (2004)
  „Operation Walküre – Das Stauffenberg – Attentat" (2008)

Menschen leisten Widerstand

1 Trage die passenden Angaben in die Tabelle ein.

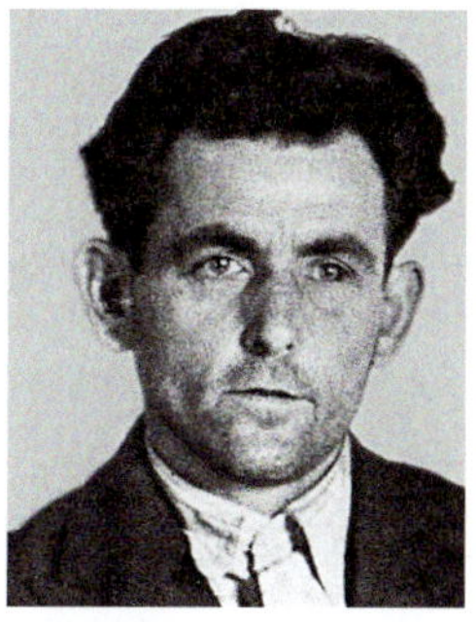 Name:	So leistete er Widerstand: Das waren die Gründe für seinen Widerstand:
 Name der Gruppe: Namen der beiden Geschwister:	So leisteten sie Widerstand: Das waren die Gründe für ihren Widerstand:
 Name:	So leisteten er und seine Mitverschwörer Widerstand: Das waren die Gründe für ihren Widerstand:

Das kann ich!

1 Von wann bis wann dauerte die NS-Herrschaft in Deutschland?

____

2 Von wann bis wann dauerte der Zweite Weltkrieg?

____

3 Ergänze die Sätze mit passenden Wörtern.

Der Zweite Weltkrieg begann am ____________________ mit einem ______________________ auf Polen.

Bis Ende ______________ konnte Deutschland sein Machtgebiet erweitern.

In der Schlacht bei _______________ im Winter __________ wurde Hitlers Armee gestoppt. Das war die ________________.

Die Landung der westlichen Streitkräfte in der Normandie war am _______________. Diesen Tag nennt man ____________.

Am 8. Mai 1945 hat Deutschland _______________.

→ Stalingrad
1942/43
D-Day
6. Juni 1944
1. September 1939
militärischen Überfall
kapituliert
1942
Kriegswende

4 Ordne die Wörter und Wortgruppen in die Tabelle ein.

Weimarer Republik	Nationalsozialismus

→ Diktatur
Demokratie
mehrere Parteien
nur eine Partei
Menschenrechte
Menschenrechte gelten nicht
demokratische Wahlen
keine Wahlen

5 Trage die Namen der nationalsozialistischen Organisationen ein.

Jungen und Männer	Mädchen und Frauen
ab 10 Jahren:	ab 10 Jahren:
ab 14 Jahren:	ab 14 Jahren:
ab 18 Jahren:	ab 18 Jahren:
	ab 21 Jahren:

6 Schreibe auf, was du über das Leben der Juden im Nationalsozialismus und über die Reichspogromnacht 1938 weißt.

7 Welche Formen des Widerstandes gegen die NS-Diktatur habt ihr kennen gelernt? Schreibt Beispiele auf.

Deutschland von der Teilung bis zur Einheit

Deutschland nach 1945

Der Zweite Weltkrieg endete 1945. Das nationalsozialistische Deutschland hatte den Krieg verloren. Nach dem Sieg der Alliierten (Großbritannien, USA, Sowjetunion und Frankreich) war das Land weitgehend zerstört. Die Städte waren zerbombt. Ein deutscher Staat existierte nicht mehr. Zunächst verwalteten die Siegermächte Deutschland. Sie teilten Deutschland in vier Besatzungszonen auf. Die Besatzungszeit endete 1949 mit der Gründung von zwei deutschen Staaten: die Bundesrepublik Deutschland und die Deutsche Demokratische Republik. 40 Jahre lang gab es zwei deutsche Staaten, die sich zeitweise feindlich gegenüberstanden. Erst 1990 kam es zu der Wiedervereinigung Deutschlands.

1 Welche Bildunterschrift passt dazu? Schreibe auf.

1

3

4

2

5

- Der Bau der Berliner Mauer, 1961
- Der Fall der Berliner Mauer, 1989
- Ost und West stehen sich als Feinde gegenüber, 1961–1989
- Frauen helfen beim Wiederaufbau, 1945
- Große Demonstrationen in der DDR, 1989

Bild 1: ____________________

Bild 2: ____________________

Bild 3: ____________________

Bild 4: ____________________

Bild 5: ____________________

2 a) Was wisst ihr bereits über diese Zeit in Deutschland?
b) Worüber wollt ihr noch mehr erfahren?

Die Nachkriegszeit

Trümmerfrauen bei der Arbeit

Lebensmittelration, 1945

1 Beschreibt die Bilder.
Was erfahrt ihr über die Zeit nach dem Zweiten Weltkrieg?

Leben in Trümmern

Das Leben nach dem Krieg war schwer. Die Städte waren zerbombt. Die Versorgung mit Wasser und Strom funktionierte nicht mehr. Die Lebensmittel waren sehr knapp und viele Menschen hungerten. Trotzdem begannen sie damit, die Trümmer zu beseitigen. Steine aus zerbombten Häusern wurden zum Wiederaufbau benutzt. Viele Männer wurden im Krieg getötet oder befanden sich in Kriegsgefangenschaft. Deshalb wurden diese Arbeiten häufig von Frauen erledigt. Man nannte sie „Trümmerfrauen". Die Menschen versuchten, sich auf dem Schwarzmarkt zu versorgen. Viele Städter fuhren mit überfüllten Zügen aufs Land, um ihren Besitz gegen Lebensmittel einzutauschen.

→ Lexikon S. 108–120
Kriegsgefangenschaft
Schwarzmarkt

2 Beantwortet die Fragen zum Text.

a) Warum war das Leben nach dem Krieg schwer?

b) Wen bezeichnet man als „Trümmerfrau" ?

c) Wie versuchten die Menschen, sich in der Not zu helfen?

Die Nachkriegszeit

Schon während des Krieges flüchteten viele Menschen vor heranrückenden feindlichen Soldaten. Auf die Flüchtlingstrecks und Flüchtlingsschiffe wurde geschossen. Viele Menschen starben bei der Flucht. In der Zeit von 1944 bis 1950 wurden noch Millionen von Menschen aus ihrer Heimat gegen ihren Willen umgesiedelt oder vertrieben. Im Osten hat Deutschland Gebiete an Polen und an die Sowjetunion verloren. Die neue Ostgrenze Deutschlands wurde die Oder-Neiße-Linie.

Gebietsveränderungen nach dem 2. Weltkrieg

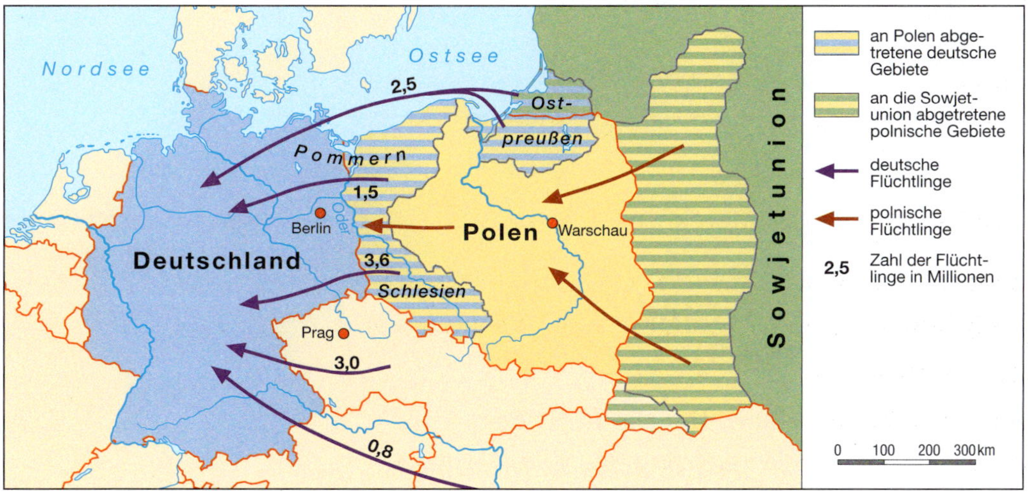

3 Wende den Schritt **2** zum Lesen einer Karte an.

→ So lese ich eine Karte **2** die Legende

Gebietsveränderungen

Diese Gebiete verlor Polen an ______________________.

Diese Gebiete verlor Deutschland an ______________________.

Flucht und Vertreibung:

→ Vertreibung von ______________________

→ Vertreibung von ______________________

Rechnet zusammen: Wie viele Millionen Flüchtlinge kamen nach dem 2. Weltkrieg nach Deutschland?

Es waren __________ Millionen Menschen.

Die Siegermächte verwalten Deutschland

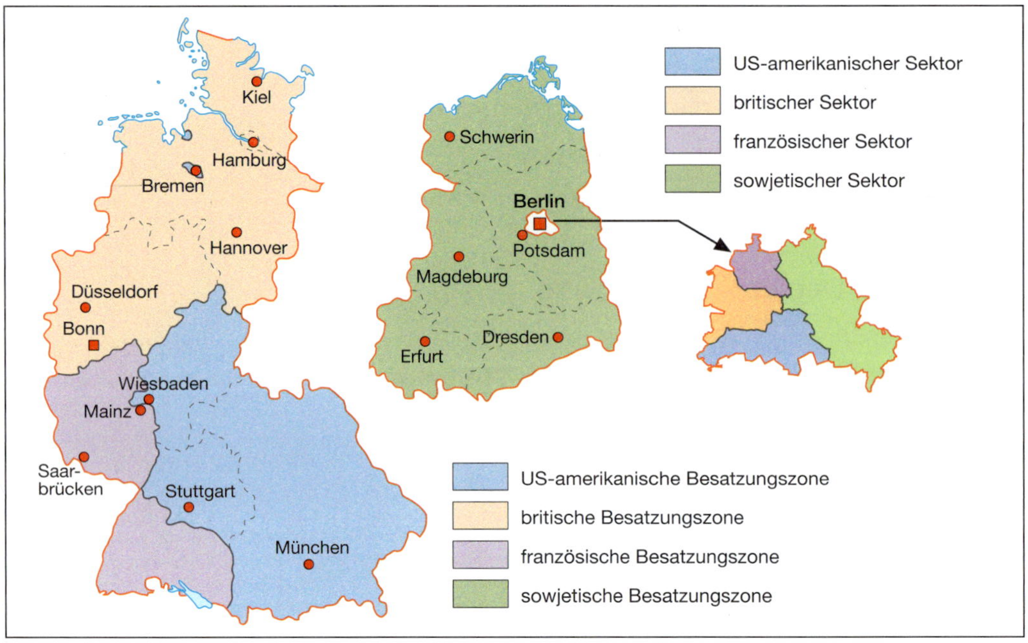

1 Erklärt, was ihr auf der Karte erkennen könnt.

→ So lese ich eine Karte
Umschlagklappe vorne

Die Besatzungszeit und die Gründung von zwei deutschen Staaten (1949)

Auf der Konferenz von Potsdam berieten die Politiker aus Großbritannien, aus den USA und aus der Sowjetunion, was mit dem besiegten Deutschland geschehen sollte. Deutschland hatte vorerst keine eigene Regierung. Es wurde von den Siegermächten Großbritannien, USA, Sowjetunion und Frankreich in vier Besatzungszonen aufgeteilt.

Schließlich wurde 1949 aus den westlichen Besatzungszonen (also aus der britischen, US-amerikanischen und französischen Besatzungszone) die Bundesrepublik Deutschland gegründet. Hier gab es bald eine neue Währung: die Deutsche Mark, auch „D-Mark" genannt. Im gleichen Jahr kurz darauf entstand in der östlichen Besatzungszone, die von der Sowjetunion verwaltet wurde, die DDR (Deutsche Demokratische Republik). Auch hier gab es eine neue Währung. Das neue Geld wurde „Ost-Mark" genannt. Damit endete die Besatzungszeit und es gab zwei deutsche Staaten.

2 Was habt ihr über die Gründung der zwei deutschen Staaten erfahren?

Die Siegermächte verwalten Deutschland

3 Betrachte die Karte auf der Seite 60 und ergänze die Lückensätze.

Aus der ____________________, der ____________________

und der ____________________ Besatzungszone

entstand 1949 die ____________________.

Aus der ____________________ Besatzungszone entstand

im selben Jahr die ____________________

(=____ ____ ____).

Nun gab es ab 1949 ____________________.

→ britischen
Deutsche Demokratische Republik (= DDR)
französischen
Bundesrepublik Deutschland
zwei deutsche Staaten
amerikanischen
sowjetischen

4 In welcher ehemaligen Besatzungszone befand sich das Bundesland, in dem du heute lebst?

Die Siegermächte waren auch die Ankläger bei den Nürnberger Prozessen.

Die Nürnberger Prozesse

Die Siegermächte wollten die Hauptkriegsverbrecher bestrafen. Führende Nationalsozialisten wurden vor Gericht gestellt und wegen Kriegsverbrechen und Verbrechen gegen die Menschlichkeit angeklagt. Einige wurden zum Tode verurteilt und hingerichtet, andere erhielten Freiheitsstrafen.

5 Was denkt ihr, warum war es wichtig, dass die Kriegsverbrecher vor Gericht gestellt und bestraft wurden? Begründet eure Meinung.

Der Kalte Krieg

→ der Grenzkontrollpunkt
die Panzer
die Grenzschutzsoldaten
das Warnschild
der Sektor
bewachen
kontrollieren

1 Beschreibt das Bild. Achtet auch auf das Schild rechts.

Ost und West stehen sich als Feinde gegenüber

Im Zweiten Weltkrieg hatten die Alliierten Großbritannien, USA, Frankreich und die Sowjetunion zusammen gekämpft und das nationalsozialistische Deutschland besiegt. Aber unter den Alliierten gab es bald Uneinigkeit. Es entstanden zwei Lager: der Westen unter der Führung der USA und der Osten unter der Führung der UdSSR*. Beide Lager versuchten ihren Machtbereich zu vergrößern. So wurden aus den Siegermächten bald Gegner.

Es bildeten sich zwei Militärbündnisse, die sich feindlich gegenüberstanden: Im Westen gab es die NATO*, im Osten den Warschauer Pakt. Die NATO und der Warschauer Pakt bedrohten sich gegenseitig mit ihren Waffen. Aber sie kämpften nicht direkt miteinander. Darum spricht man auch vom Kalten Krieg zwischen Ost und West.

Die Bundesrepublik Deutschland gehörte zum Westen und zur NATO. Die DDR gehörte zum Osten und zum Warschauer Pakt. Lange Zeit bestand die Gefahr eines Atomkrieges.

* UdSSR = Abkürzung für die Staatsform der Sowjetunion

* NATO = auf Deutsch: der Nordatlantikpakt

2 Erklärt mit eigenen Worten, was man unter dem „Kalten Krieg" versteht.

Diese europäischen Staaten gehörten zu der NATO: Großbritannien, Bundesrepublik Deutschland, Frankreich, Spanien, Portugal, Türkei, Norwegen, Dänemark, Italien, Belgien, Niederlande, Luxemburg. Die USA und Kanada gehörten auch dazu. Die Staaten des Warschauer Paktes waren: die UdSSR, Polen, DDR, Ungarn, Rumänien, Bulgarien, die Tschechoslowakei und Albanien. Diese Staaten nannte man auch „Ostblock-Staaten". Die Grenzlinie zwischen Ost und West nannte man auch „den Eisernen Vorhang".

3 a) Malt die Staaten der NATO und ihrer Verbündeten blau aus.
b) Malt die Staaten des Warschauer Paktes rot aus.

4 Wo verlief der „Eiserne Vorhang"?

Die deutsch-deutsche Grenze

1 Beschreibt die Bilder. Was wisst ihr schon über die deutsch-deutsche Grenze und über die Berliner Mauer? Berichtet darüber in der Klasse.

Das geteilte Deutschland und die Berliner Mauer

Die Wirtschaft in der Bundesrepublik Deutschland entwickelte sich in den 50er Jahren schnell. Das Warenangebot in den Geschäften wurde bald größer und den Menschen ging es besser. Die Wirtschaft in der DDR entwickelte sich dagegen nur langsam. Vor den Geschäften mussten die Menschen oft Schlange stehen, um Lebensmittel oder andere Dinge kaufen zu können. Aber das war nur ein Grund, warum viele DDR-Bürger lieber in der Bundesrepublik leben wollten. Die Regierung der DDR kontrollierte und bewachte ihre Bürger sehr stark mit Spitzeln. Es war nicht erlaubt, die eigene Meinung frei zu sagen. Wer die DDR oder die Regierung kritisierte, konnte ins Gefängnis kommen. Immer mehr DDR-Bürger flüchteten in die Bundesrepublik. Die Regierung der DDR beschloss, die Grenze zwischen der DDR und der Bundesrepublik zu schließen. Im Jahr 1961 wurde in Berlin zwischen dem westlichen und dem östlichen Teil der Stadt eine Mauer gebaut. Nun war die Grenze geschlossen und die Menschen konnten zwischen den beiden deutschen Staaten nicht mehr frei reisen.

2 Warum waren viele Menschen in der DDR unzufrieden? Markiere die Gründe im Text.

Die deutsch-deutsche Grenze

So sah die Grenzanlage zwischen den beiden deutschen Staaten aus.

3 Schreibe die passenden Zahlen in das entsprechende Kästchen in der Zeichnung.

1: Grenzschranke, 2: Beobachtungsturm, 3: Gitterzaun (3,20 Meter hoch),
4: Betonmauer (3,20 Meter hoch) , 5: Erdbunker,
6: Weg aus Betonplatten für PKW und LKW;
7: geharkter Weg, auf dem man Fußspuren sehen konnte;
8: freies Gelände ohne Bäume und Büsche, wo man Flüchtlinge gut sehen konnte,
9: Dorf an der Grenze auf dem Gebiet der DDR

Flucht macht erfinderisch

Ab 1961 durften die DDR-Bürger das Land Richtung Westen nicht verlassen. Die Grenze wurde von Soldaten bewacht. Trotzdem versuchten zahlreiche DDR-Bürger, die Grenze zu überwinden. Sie gruben unterirdische Tunnel oder flüchteten mit selbst gebauten Heißluftballons in den Westen. Andere versuchten, mit dem Boot über die Ostsee in die Bundesrepublik zu kommen. Lange Zeit hatten die Grenzsoldaten den Befehl, sofort auf Flüchtlinge zu schießen. Viele Menschen starben bei dem Versuch, aus der DDR zu flüchten.

4 Informiert euch über Fluchtversuche aus der DDR.

Jugend im geteilten Deutschland

**Von 1949 bis 1989 war Deutschland ein geteiltes Land.
Auf diesen Seiten könnt ihr das Leben von Kindern und Jugendlichen in der Bundesrepublik Deutschland und der DDR untersuchen.**

Diese Fragen helfen euch dabei:

a) Welche wichtigen Ereignisse gab es im Leben der Jugendlichen?
b) Wie war die Freizeitgestaltung?
c) Welche Reisemöglichkeiten gab es?
d) Was war gleich, was war unterschiedlich?

Das Leben in der Bundesrepublik Deutschland

Andreas Sedlmair, geboren 1964, erzählt:

„Morgens war man in der Schule, danach kamen die Hausaufgaben dran. Danach konnten wir machen, was wir wollten. Ein wichtiges Ereignis bei den katholischen Schülern war die Erstkommunion. Wir waren da in der dritten Klasse. Ich erinnere mich, dass es viele Geschenke gab.

Als wir 14 oder 15 Jahre alt waren, haben fast alle einen Tanzkurs gemacht. Der endete mit einem Abschlussball. Die Jungs kamen im Anzug, die Mädchen im Kleid. Sonst haben wir viel englischsprachige Musik gehört, weniger deutsche. Das war nicht „in". Bis dann die „Neue Deutsche Welle" kam. Da haben wir alle auch deutsche Musik gehört. Es gab viele Partys und manchmal sind wir auch zu Konzerten unserer Lieblingsbands gefahren.

Jeden Sommer bin ich mit meinen Eltern nach Oberbayern gefahren. Als Kind fand ich das gut, aber mit 14 Jahren wurde es langweilig. Dann bin ich mit einer Jugendgruppe ins Zeltlager gefahren. Später sind wir mit meinen Freunden oft mit unseren Mofas herumgefahren. Mit 18 bin ich das erste Mal mit einem Freund allein ins Ausland geflogen. Wir waren auf Mallorca."

Das Leben in der DDR

Kerstin Gallwitz, geboren 1971, erzählt:

„Ein großer Teil unserer Freizeit war von der Schule oder vom Staat organisiert. Ab der ersten Klasse war jeder Schüler Jungpionier. Von der vierten Klasse an zählte man dann zu den Thälmannpionieren. In der achten Klasse wurden wir in die FDJ, in die „Freie Deutschen Jugend", aufgenommen.

Ein wichtiges Ereignis für jeden Jugendlichen war die Jugendweihe. Wir waren 14, ja das war am Ende der achten Klasse. „Jugendweihe", das bedeutete, dass man nun in die Welt der Erwachsenen aufgenommen wird und mehr Verantwortung übernimmt. Es war sehr feierlich und wir bekamen viele Geschenke.

Samstags ging ich immer in die Disco. Da wurden auch Lieder von unseren Bands gespielt: die bekanntesten waren „Karat" und die „Puhdys". Ich erinnere mich, dass wir lieber „Westmusik" gehört haben. Konzerte von Gruppen aus dem Westen waren aber sehr selten. Und wenn es welche gab, war es kaum möglich an Karten heranzukommen.

Ich war jedes Jahr mit meinen Eltern im Urlaub, meist an der Ostsee oder im Gebirge, aber eben immer in der DDR. Wir haben auf unser Auto 10 Jahre warten müssen. Als ich 16 Jahre alt war, sind wir mit unserem „Trabbi" nach Ungarn gefahren. Das war mein erster Urlaub im Ausland.

1 Arbeite mit einem Partner.

a) Beantwortet die Leitfragen a) bis d) selbstständig.
b) Schreibt eure Ergebnisse auf.
c) Sammelt noch weitere Informationen über den Alltag im geteilten Deutschland.

Ihr könnt eure Ergebnisse auf einer Wandzeitung präsentieren.

Auf dem Weg zur Einheit

1 Beschreibt die Bilder. Was wisst ihr über den Fall der Berliner Mauer?

Aus zwei deutschen Staaten wird ein Staat

Seit den 1980er Jahren kam es zu einer langsamen Annäherung zwischen den beiden Machtsystemen im Osten und im Westen. Die Regierungen einiger östlicher Staaten wollten mit Reformen das Leben der Menschen verbessern. Auch viele Bürger der DDR, die unzufrieden mit der eigenen Regierung waren, forderten mehr Freiheit in ihrem Land. Im Mai 1989 wurden Wahlfälschungen der Regierung der DDR bekannt. Es entwickelte sich eine starke Protestbewegung. Eigentlich waren freie Demonstrationen in der DDR nicht erlaubt. Trotzdem gingen immer mehr Bürger auf die Straße. Das waren die so genannten „Montagsdemonstrationen". Die Menschen protestierten gegen die Regierung mit dem Ruf „Wir sind das Volk!" und forderten ihr politisches Mitspracherecht ein. Im November 1989 wurden die Proteste immer größer. Daraufhin trat am 7. November die alte DDR-Regierung zurück. Zwei Tage später, am 9. November 1989, verkündete ein Mitglied der neuen Regierung, dass alle DDR-Bürger von nun an frei reisen können. Tausende von DDR-Bürgern gingen oder fuhren sofort zu den Grenzübergängen und reisten in die Bundesrepublik ein. Daher gilt der **9. November 1989** als **Tag des Mauerfalls**. Ein Jahr später war die „Wiedervereinigung" der beiden deutschen Staaten vollzogen. Der **3. Oktober 1990** ist seitdem als **Tag der deutschen Einheit** unser Nationalfeiertag.

Auf dem Weg zur Einheit

2 Bringe die Ereignisse, die zum Fall der Berliner Mauer führten, in die richtige Reihenfolge.

a) Nummeriere die Sätze.
b) Schreibe die Sätze in der richtigen Reihenfolge auf.

1	Viele Menschen in der DDR waren unzufrieden.
	Tausende von DDR-Bürgern gingen oder fuhren über die Grenze in die Bundesrepublik Deutschland.
	Die Demonstrationen in den Städten der DDR wurden immer größer.
	Es wurden Wahlfälschungen der DDR-Regierung bekannt.
	Die alte DDR-Regierung trat zurück.
	Ein Mitglied der neuen DDR-Regierung verkündete Reisefreiheit für alle DDR-Bürger.
	Die Berliner Mauer fiel.
	Es kam zur Wiedervereinigung der zwei deutschen Staaten.

1. Viele Menschen in der DDR waren unzufrieden.
2.

3 In welchem Jahr ist die Berliner Mauer gefallen? ________

Methode Zeitzeugen befragen

So haben zwei Zeitzeugen den Fall der Berliner Mauer 1989 erlebt.

Frank Wolke lebte 1989 in der Nähe von Osnabrück in der Bundesrepublik Deutschland.

„Eigentlich hat man sich daran gewöhnt, dass es zwei deutsche Staaten gab. Uns in der Bundesrepublik ging es ja ganz gut im Vergleich der DDR. Die Grenze war eben da, aber das war für uns fast wie normal. Ich konnte das gar nicht glauben, als ich das im Fernsehen sah: Menschen standen auf der Berliner Mauer. So etwas war doch gar nicht vorstellbar! Und alle kamen auf einmal rüber nach Westberlin. Die Grenzpolizisten ließen sie einfach durchgehen. Ich rief sofort meine Freundin. ‚*Was ist da denn los?*‘, hat sie gefragt. ‚*Das gibt es doch gar nicht!*‘ Sie konnte das genauso wenig glauben wie ich. Für uns war auch klar, dass sich da etwas ändern muss. Aber dass die Mauer wirklich fällt, ich glaube, damit hat keiner gerechnet.“

Ute Ußler lebte damals in Ost-Berlin, in der Hauptstadt der DDR.

„1989 war ganz schön was los. Ich selbst habe zusammen mit Freunden an Demonstrationen teilgenommen. Wir waren viele Tausend Menschen! Wir hatten schon Hoffnung, dass sich bald etwas ändern wird. Immerhin war die alte Regierung zurückgetreten. Am 9. November war ich abends zu Hause. Und dann höre ich es in den Nachrichten: ‚*... Reisefreiheit für alle Bürger der DDR*‘. ‚*Kann doch gar nicht sein!*‘, habe ich gedacht. Dann hat ein Journalist gefragt: ‚*Ab wann gilt die Regelung?*‘ Und dann hat der Sprecher der Regierung auf seinen Zettel geguckt und gesagt: ‚*Ab sofort.*‘ Ich habe keine Sekunde gewartet, den Mantel angezogen und bin direkt zur Mauer gelaufen. ‚*Wenn das stimmt, dann gehe ich sofort rüber!*‘, habe ich gedacht. Und das ging dann wirklich! Unglaublich!“

Was ist ein Zeitzeuge?

Manche Ereignisse in der Geschichte sind noch nicht lange her. Menschen, die so ein Ereignis miterlebt haben, können wir befragen. Personen, die über vergangene Zeiten aus eigener Erinnerung und Erfahrung berichten können, nennen wir Zeitzeugen.

Ihr könnt auch Zeitzeugen befragen. Diese Schritte helfen euch dabei:

1. **Wen könnt ihr befragen?**
   Notiert euch die Namen von den Personen.
2. **Was wollt ihr erfahren?**
   Notiert euch die Fragen, die ihr an den Zeitzeugen stellen wollt.
3. **Wie wollt ihr die Antworten aufzeichnen?**
   Entscheidet euch, ob ihr die Antworten aufschreiben oder als Tonaufnahme oder als Videoaufnahme festhalten wollt.
4. **Wie wollt ihr das Interview präsentieren?**
   Entscheidet euch für eine Präsentationsform.
   Ihr könnt: ein Plakat mit euren Notizen und mit Fotos gestalten; eure Ergebnisse als Tonaufnahme oder als Film (Videoaufnahme) präsentieren.

Diese Fragen können euch helfen:

„Herr/Frau ____________________, wie alt waren Sie im Jahr 1989, als die Berliner Mauer gefallen ist?"

____

„Waren Sie zu dieser Zeit Bürger der Bundesrepublik Deutschland oder der Deutschen Demokratischen Republik?"

____

„Wie haben Sie erfahren, dass die Mauer gefallen ist?"

____

1 Befragt selbst Zeitzeugen.
Ihr könnt nach den Schritten oben vorgehen.

Das kann ich!

1 Sieh noch einmal das ganze Kapitel durch.
Schreibe die entsprechenden Jahreszahlen und Begriffe in die Lücken.

Die Besatzungszeit war von ________ bis ________.

Die vier Besatzungsmächte waren:

________________, ________________,

________________, ________________.

Die beiden deutschen Staaten wurden im Jahr ________ gegründet.

Die Namen der beiden deutschen Staaten waren:

____

________ = ________________________

Die Berliner Mauer wurde im Jahr ________ gebaut.

Der Fall der Mauer war im Jahr ________.

2 Bringe die Ereignisse in die richtige Reihenfolge.
Trage die Jahreszahlen und die Ereignisse in die Tabelle ein.

Fall der Berliner Mauer, Besatzungszeit, Wiedervereinigung,
Gründung von zwei deutschen Staaten, Bau der Berliner Mauer

	Jahreszahlen	Was war zu dieser Zeit?
1	*1945-49*	*Besatzungszeit*
2		
3		
4		
5		

3 Löse das Kreuzworträtsel.

Waagerecht ➔

1. Personen, die über selbst erlebte Zeiten berichten können, sind …
2. So nennt man Frauen, die nach dem Krieg in zerbombten Städten tätig waren.
3. So hieß die Ostgrenze Deutschlands nach 1945.
8. Das feiern wir am 3. Oktober.

Senkrecht ➔

4. Abkürzung für die Deutsche Demokratische Republik
5. So nannte man die politische Grenze in Europa zwischen Westen und Osten.
6. Militärisches Bündnissystem im Westen
7. Die Verbündeten, die im Zweiten Weltkrieg Deutschland besiegt haben

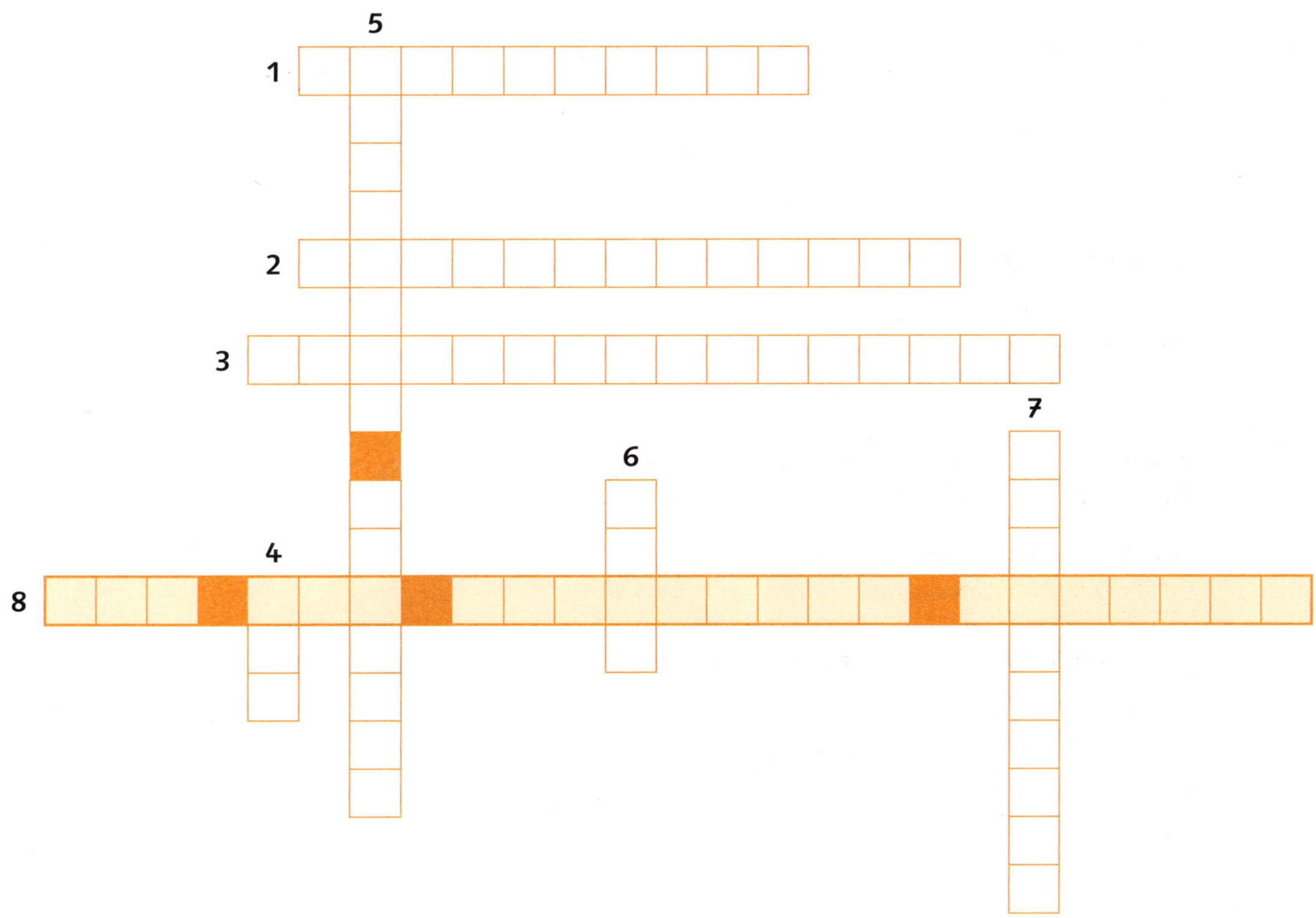

Die Lösung ist in den rot umrandeten Kästchen zu lesen.

Die Lösung heißt: ______________________________

4 **Profi-Aufgabe:** Welchen Jahrestag feierten die Menschen in Deutschland im November 2009?

____

Die politische Ordnung der Bundesrepublik Deutschland

①

②

③

④

⑤

⑥

1 Beschreibt die Bilder.
Was haben die Bilder mit „Politik" oder „Ordnung" zu tun?

2 Welches Bild passt zu welchem Begriff? Trage die Bildnummer ein.

der Deutsche Bundestag	☐	das Verfassungsgericht	☐
die Polizei	☐	die Bundeskanzlerin	☐
die Bundeswehr	☐	das Grundgesetz	☐

Wenn ich an Politik denke ...

3 Was denkt ihr über Politik?

4 Was wisst ihr schon über die Politik in Deutschland?
- Welche politischen Begriffe kennt ihr?
- Worüber möchtet ihr noch mehr erfahren?

Deutschland ist ein Bundesstaat

Unser Staat heißt Bundesrepublik Deutschland, weil er ein Bund aus 16 Bundesländern ist.

Jedes Bundesland hat eine eigene Regierung. Jede Regierung hat einen Ministerpräsidenten sowie einige Minister, die für verschiedene Bereiche zuständig sind. In der Bundesrepublik Deutschland sind die Regierungsaufgaben zwischen dem Bund und den Ländern geteilt. Die Bundesländer können einiges selbst entscheiden, über andere Dinge entscheidet die Bundesregierung.

In dem folgenden Schaubild kannst du erkennen, welche Aufgaben vom Bund, welche von den Ländern und welche von beiden übernommen werden.

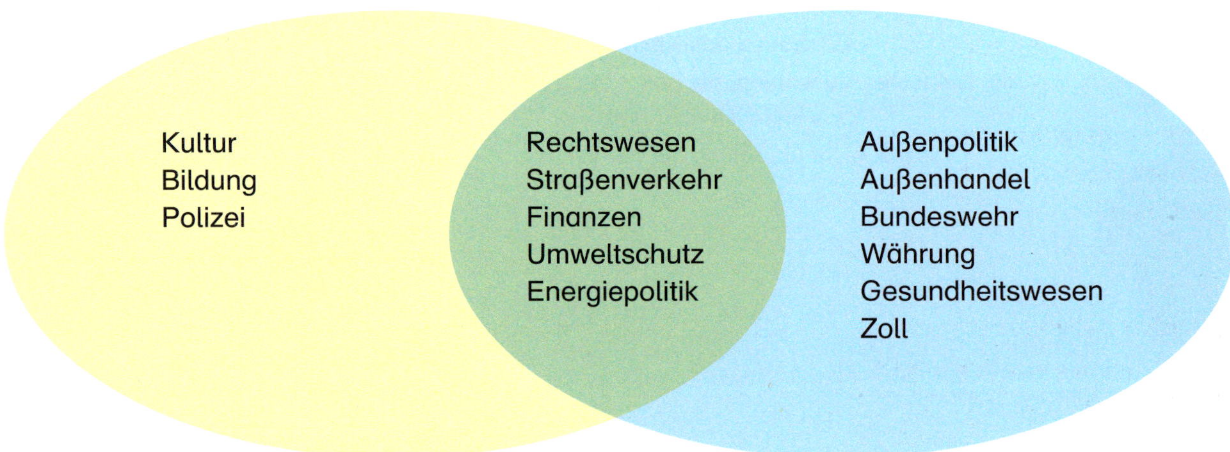

Länder | beide | Bund

1 a) Welche Aufgaben haben die Länder?
b) Welche Aufgaben hat der Bund?
c) Welche Aufgaben haben sie gemeinsam?

Deutschland ist ein Bundesstaat

2 In welchem Bundesland lebst du?

3 Wie heißt euer Ministerpräsident?

Für den Bereich Bildung sind die einzelnen Bundesländer zuständig. Dazu gehören auch die Schulen.

4 Findet heraus: Wie heißt der Bildungsminister in eurem Bundesland, der für eure Schulpolitik zuständig ist?

5 Welche Partei oder welche Parteien regieren in eurem Bundesland?

6 Welche Minister sind für diese Aufgaben zuständig?

a) Verbinde die Aussagen mit dem passenden Minister.
b) Schreibe darunter, ob diese Aufgabe von einem **Bundesminister**, einem **Landesminister** oder von beiden ausgeführt wird.

„Ich sorge dafür, dass Lehrerinnen und Lehrer eingestellt werden.“	Außenminister
„Ich habe die Gesetze, die die Krankenversicherungen regeln, überarbeitet.“	Bildungsminister
„Ich kümmere mich darum, wofür Geld ausgegeben wird.“	Gesundheitsminister
„Ich spreche oft mit meinen ausländischen Kollegen und treffe mich mit ihnen.“	Finanzminister

Das Grundgesetz

Das Grundgesetz der Bundesrepublik Deutschland regelt die grundlegenden Entscheidungen unseres Staates. Es gilt seit dem 8. Mai 1949. Das Grundgesetz besteht aus einer Präambel (Vorwort) und den Grundrechten.

Was steht im Grundgesetz?

In unserem Grundgesetz gibt es einige unveränderliche Prinzipien. Das bedeutet, dass diese Gesetze für alle gelten und niemals geändert werden können. Es handelt sich hierbei um Artikel 1 und Artikel 20 des Grundgesetzes: das Prinzip der Menschenwürde, das Prinzip der Demokratie, das Prinzip der Sozialstaatlichkeit, das Prinzip der Bundesstaatlichkeit, das Prinzip der Rechtsstaatlichkeit.

§ **Artikel 1**

(1) Die Würde des Menschen ist unantastbar. Sie zu achten und zu schützen ist Verpflichtung aller staatlichen Gewalt.

→ Prinzip der Menschenwürde

Artikel 20

(1) Die Bundesrepublik Deutschland ist ein demokratischer und sozialer Bundesstaat.

→ Prinzip der Demokratie, der Sozialstaatlichkeit, der Bundesstaatlichkeit

(2) Alle Staatsgewalt geht vom Volke aus. Sie wird vom Volke in Wahlen und Abstimmungen und durch besondere Organe der Gesetzgebung, der vollziehenden Gewalt und der Rechtsprechung ausgeübt.

→ Prinzip der Demokratie

(3) Die Gesetzgebung ist an die verfassungsmäßige Ordnung, die vollziehende Gewalt und die Rechtsprechung sind an Gesetz und Recht gebunden.

→ Prinzip der Rechtsstaatlichkeit

1 Weshalb ist es wichtig, dass es Gesetze gibt?
Was würde passieren, wenn es keine Gesetze gäbe?

Das Grundgesetz

2 Was wird durch das Grundgesetz geregelt?

Das Grundgesetz regelt die Grundregeln bei politischen Wahlen. ☐

Das Grundgesetz regelt die grundlegenden Entscheidungen unseres Staates. ☐

Das Grundgesetz regelt die Schulregeln in der Grundschule. ☐

3 Aus welchen Teilen besteht das Grundgesetz der Bundesrepublik Deutschland?

____

____

4 Im Grundgesetz der Bundesrepublik Deutschland gibt es unveränderliche Prinzipien. Was bedeuten sie?
Ergänze die Satzanfänge mit passenden Erklärungen:

Das Prinzip der Menschenwürde bedeutet, ______________________________

____

Das Prinzip der Demokratie bedeutet, ______________________________

____

Das Prinzip der Bundesstaatlichkeit bedeutet, ______________________________

____

Das Prinzip der Rechtsstaatlichkeit bedeutet, ______________________________

____

____

Das Prinzip der Sozialstaatlichkeit bedeutet, ______________________________

____

____

→ … dass die Bürgerinnen und Bürger ihre Regierung wählen dürfen.

… dass sich der Staat auch um arme, behinderte, kranke und alte Menschen kümmert.

… dass unser Staat aus mehreren Bundesländern besteht.

… dass in unseren Gerichten gerechte Urteile von unabhängigen Richtern gesprochen werden.

… dass jeder Mensch so sein darf, wie er ist.

Deutschland ist eine parlamentarische Demokratie

In einer parlamentarischen Demokratie werden alle wichtigen politischen Entscheidungen von einem Parlament getroffen. Dieses Parlament heißt in Deutschland der „Deutsche Bundestag".

Der Deutsche Bundestag

Die Abgeordneten, die im Bundestag sitzen, werden von den Bürgerinnen und Bürgern alle vier Jahre gewählt. Die wichtigsten Aufgaben des Bundestages sind die Gesetzgebung und die Kontrolle der Regierung. Die Abgeordneten entscheiden auch darüber, wofür das Geld ausgegeben wird, das Deutschland zur Verfügung steht. Sie entscheiden auch über die Einsätze der Bundeswehr im Ausland. Eine weitere wichtige Aufgabe des Bundestages ist die Wahl der Bundeskanzlerin oder des Bundeskanzlers. Der **Bundeskanzler** ist der Chef der Regierung. Er bestimmt die Politik und trägt auch die Verantwortung dafür. Er sagt, was gemacht werden soll, und legt fest, was seine Minister machen. Deutschland hat auch einen Bundespräsidenten. Er regiert zwar nicht, muss aber alle Gesetze unterschreiben, bevor sie in Kraft treten können. Der **Bundespräsident** vertritt den Staat bei wichtigen Veranstaltungen. Er ist das Staatsoberhaupt von Deutschland.

→ Lexikon S. 108–120
Bundeskanzler
Bundespräsident

Deutschland ist eine parlamentarische Demokratie

1 Was sind die Aufgaben des Bundestages?

a) Markiere die Antwort im Text.
b) Schreibe hier 3 Aufgaben des Bundestages auf.

2 Wer hat welche Aufgaben? Verbinde zu ganzen Sätzen.
Zu jedem Begriff kannst du zwei passende Sätze bilden.

Der Bundestag	… ist das Staatsoberhaupt von Deutschland.
	… ist der Chef der Regierung.
Der Bundeskanzler	… macht die Gesetze und kontrolliert die Regierung.
	… bestimmt die Politik und trägt auch die Verantwortung dafür.
Der Bundespräsident	… wählt die Bundeskanzlerin/den Bundeskanzler.
	… unterschreibt die Gesetze, bevor sie in Kraft treten können.

3 Informiere dich und trage ein:

a) Wie heißt die Bundeskanzlerin / der Bundeskanzler, die / der zurzeit Deutschland regiert?

b) Wie heißt der amtierende Bundespräsident von Deutschland?

c) Wann waren die letzten Bundestagswahlen?

Im Jahr

d) Wann werden die nächsten Bundestagswahlen sein?

Im Jahr

Parteien in Deutschland

In der deutschen Politik haben die Parteien eine wichtige Funktion. Bei einer Wahl entscheiden sich die Wähler nicht nur für eine Person, sondern auch für eine Partei.

1 Seht euch die Bilder an.
Welche Personen und Parteien entdeckt ihr? Wofür werben sie?

Wozu gibt es Parteien?

Es sind die Parteien, die die unterschiedlichen politischen Vorstellungen und Interessen in der Gesellschaft in politischen Programmen bündeln. Die Parteien versuchen Themen aufzugreifen, die die Bevölkerung interessieren, und bieten Lösungsvorschläge für Probleme an. Dafür machen die Parteien besonders vor den Wahlen gezielt Werbung. Die beiden größten Parteien sind die Christlich-Demokratische Union (CDU) und die Sozialdemokratische Partei Deutschlands (SPD). Diese beiden Parteien nennt man „Volksparteien". Sie versuchen, die Interessen vieler verschiedener Bevölkerungsgruppen zu vertreten. Alle anderen Parteien setzen sich hauptsächlich für ein besonderes Thema oder eine bestimmte Bevölkerungsgruppe ein, zum Beispiel die Grünen für den Umweltschutz.

2 Was habt ihr über die Rolle der Parteien erfahren?

3 Wie heißen die zwei größten Parteien in Deutschland?
Markiere die Antwort im Text.

Parteien in Deutschland

Hier seht ihr eine Übersicht über die Parteien in Deutschland.

CDU

CDU: Christlich-Demokratische Union Deutschlands

CSU

näher am Menschen.

CSU: Christlich-Soziale Union Deutschlands

DIE LINKE.

Die Linke.

BÜNDNIS 90 DIE GRÜNEN

Bündnis 90/Die Grünen

SPD

SPD: Sozialdemokratische Partei Deutschlands

FDP

Die Liberalen

FDP: Freie Demokratische Partei Deutschlands

4 Welche Partei oder welche Parteien regieren in eurem Bundesland?

---

5 Informiere dich im Internet über <u>eine</u> dieser Parteien.

a) Welche Politiker dieser Partei findest du dort?

---

b) Welche Themen werden dort genannt?

→ www.spd.de
www.cdu.de
www.csu.de
www.gruene.de
www.fdp-bundesverband.de
www.sozialisten.de

Wir gestalten Wahlplakate

Die Schülerinnen und Schüler der Klasse 9b betrachten verschiedene Wahlplakate. Manche Plakate finden sie ganz gut, die meisten finden sie allerdings uninteressant. „Keine Partei zeigt, dass sie sich für uns Jugendliche einsetzen will. Dabei sind wir doch die Zukunft!“, sagt Katja. Und Marius findet: „Das sind doch nur Sprüche, die die Parteien schreiben. Oft weiß ich gar nicht, was sie damit wirklich meinen.“

In der Klasse entstehen mehrere Ideen, wofür sich die Schülerinnen und Schüler selbst als Politiker einsetzen würden. Katja und Marius fänden eine „Partei der Jugend (PDJ)“ gut, Kevin will eine „Fußball-Partei (FP)“ gründen und sich für größere Stadien und Förderung des Jugendsports einsetzen. Manche Ideen beziehen sich auch auf den Unterricht. Florian würde die „Partei der Künstler (PDK)“ gründen und sich für mehr und besseren Kunstunterricht einsetzen.

Die Schülerinnen und Schüler erstellen nach ihren Vorstellungen Wahlplakate für ihre Parteien.

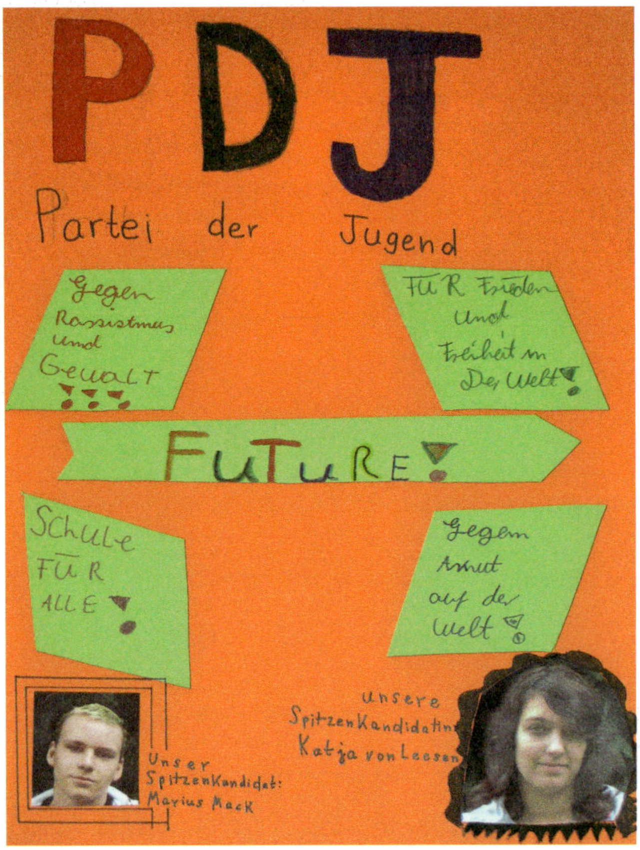

Um eigene Plakate herzustellen, helfen euch die folgenden Arbeitsschritte. Ihr könnt auch zu zweit arbeiten.

1. Schritt: Thema finden

Welche Themen interessieren euch?
Wofür möchtet ihr euch einsetzen?
Es kann sich hier um schulische, politische oder auch allgemeine Themen handeln.

2. Schritt: Parteiname festlegen

Wie soll eure Partei heißen?
Wie kürzt sich eure Partei ab?

3. Schritt: Inhalte festlegen

Sammelt Stichworte zu dem Thema.
Welche Inhalte sollen auf dem Plakat angesprochen werden?

4. Schritt: Slogan, Schrift, Bild, Logo

Formuliert einen kurzen Text (Slogan) für euer Plakat.
Ihr könnt auch ein Logo für eure Partei entwerfen.
Wählt eine geeignete Schrift.
Entscheidet euch für ein passendes Bild.
Vielleicht habt ihr sogar ein Foto, das euch als „Spitzenkandidaten" eurer Partei zeigt?

5. Schritt: Skizze

Entwerft eine Skizze, wie euer Plakat aussehen soll.
Euer Plakat sollte enthalten:

- Parteibuchstaben
- den ganzen Parteinamen
- Slogan
- Erläuterungen, wofür eure Partei sich einsetzt
- ein oder zwei Bilder

6. Schritt: Ausführung, Präsentation

Gestaltet euer Plakat nach den gesammelten Ideen und Entwürfen.
Nach der Fertigstellung könnt ihr eure Ergebnisse präsentieren.

Das kann ich!

1 Welche Prinzipien werden in diesen Ausschnitten aus dem Grundgesetz genannt?

a) Lies die Abschnitte.
b) Schreibe die Prinzipien auf.

§ Die Würde des Menschen ist unantastbar. Sie zu achten und zu schützen ist Verpflichtung aller staatlichen Gewalt.

Prinzip der ______________________

§ Die Bundesrepublik Deutschland ist ein demokratischer und sozialer Bundesstaat.

____

____

____

____

§ Alle Staatsgewalt geht vom Volke aus. Sie wird vom Volke in Wahlen und Abstimmungen und durch besondere Organe der Gesetzgebung,

der vollziehenden Gewalt und der Rechtsprechung ausgeübt.

Die Gesetzgebung ist an die verfassungsmäßige Ordnung, die vollziehende Gewalt und die Rechtsprechung sind an Gesetz und Recht gebunden.

____

____

2 Lerne den Artikel 1 aus dem Grundgesetz über die Würde des Menschen auswendig. Schreibe ihn hier auf.

____

____

____

3 Ergänze die Sätze mit den passenden Wörtern.

Deutschland ist eine parlamentarische ____________________.
(Demonstration / Demokratie)

Das bedeutet, dass alle Entscheidungen von einem ____________________ getroffen werden.
(Parlament / Paravent)

Dieses Parlament heißt in Deutschland ______________________________.
(der Deutsche Bundesrat / der Deutsche Bundestag)

Alle vier Jahre werden die ____________________ neu gewählt.
(Abgeordneten / Gesetze)

Die wichtigsten Aufgaben des Bundestages sind die ____________________ und die Kontrolle der ____________________.
(Gesetzgebung / Grenzsetzung) (Regierung / Radiosender)

Eine weitere wichtige Aufgabe ist die __________
(Feier / Wahl)

der Bundeskanzlerin oder des Bundeskanzlers.

Der Bundeskanzler ist der Chef der ____________________.
(Reinigung / Regierung).

Deutschland hat auch einen ____________________.
(Bildungspräsidenten / Bundespräsidenten)

Bevor ein Gesetz in Kraft tritt, muss es der ____________________
(Bundespräsident / Bundeskanzler)

unterschreiben.

4 Wie heißt der/die amtierende Bundeskanzler/in und der Bundespräsident?

____

____

Weltkonflikte seit 1945 bis heute

Flüchtlinge aus Ruanda, 1994

1 Beschreibt das Bild. Was ist auf dem Bild zu erkennen?

Noch immer kein Frieden

Der Zweite Weltkrieg (1939 – 1945) kostete viele Millionen Menschen das Leben. Aber auch nach 1945 entstanden auf der ganzen Welt immer wieder neue Konflikte und Kriege. Der Kalte Krieg, der Nahost-Konflikt und die vielen Bürgerkriege sind Beispiele dafür. Zwar gibt es Versuche, Konflikte friedlich zu lösen. Verfeindete Staaten oder Regierungen diskutieren über Probleme und sind bemüht, durch Verhandlungen Kriege zu vermeiden. Dennoch gibt es noch Menschen, die den Frieden nicht wollen und versuchen, mit Gewalt ihren Willen durchzusetzen. Es gibt immer wieder Terroranschläge und Gewaltausbrüche. Viele Konflikte auf der Welt sind bis heute ungelöst.

In diesem Kapitel erfährst du etwas über Kriege und Konflikte nach dem Zweiten Weltkrieg. Die immer wieder ausbrechende Gewalt hält bis heute an. In vielen Fällen ist keine Lösung in Sicht.

2 Sieh dir die Bilder an.
Schreibe die passenden Sätze unter die Bilder.
- Die Blauhelmsoldaten der UNO helfen Menschen in Krisengebieten.
- Die Bevölkerung leidet am meisten an den Folgen eines Krieges.
- Selbstmordattentäter bedrohen den Frieden.
- Seit dem Ende des Zweiten Weltkrieges gibt es Atomwaffen.

3 Über welche Kriege und Konflikte der Gegenwart habt ihr schon mal gehört? Nennt Beispiele für Konflikte in der heutigen Zeit.

Der Kalte Krieg und der Ost-West-Konflikt

Der Regierungschef der Sowjetunion Chruschtschow (links) und der Präsident der USA Kennedy (rechts) als Gegner

1 Beschreibt die Zeichnung.
- Was machen die Politiker?

Beachtet auch die Gegenstände:
- Worauf sitzen sie?
- Was ist noch zu erkennen?

Osten und Westen stehen sich feindlich gegenüber

Im Zweiten Weltkrieg kämpften die Alliierten (Verbündeten) Großbritannien, USA, Frankreich und die Sowjetunion gemeinsam gegen Deutschland. Doch schon gegen Ende des Krieges zeigte sich, dass die Westalliierten Großbritannien, USA und Frankreich andere Ziele verfolgten als die Sowjetunion. Die Sowjetunion wollte im Osten ein anderes politisches und wirtschaftliches System einführen.

Im Osten gab es eine Planwirtschaft. Geschäfte und Fabriken gehörten dem Staat. Die Regierung wollte eine Idee verwirklichen: Alle Menschen sollten gleich viel besitzen. Niemand sollte benachteiligt sein. Fabriken, Betriebe und die Landwirtschaft wurden verstaatlicht. Es gab viele volkseigenen Betriebe. Doch die Menschen wurden nicht so gut mit Waren versorgt. In der Wirklichkeit gab es viele Probleme. So ein System nennt man auch Sozialismus oder Kommunismus.

→ Osten:
- Planwirtschaft
- Volkseigentum
- Sozialismus
- Warschauer Pakt

In den Staaten im Westen gab es eine Marktwirtschaft. Diese Wirtschaft wird nicht direkt vom Staat gelenkt. Hier wird viel durch die Unternehmen, durch den Markt und durch das Kapital bestimmt. Auch in der Marktwirtschaft soll ein Prinzip verwirklicht werden: Wer viel leistet, der soll auch dafür belohnt werden. In einer Marktwirtschaft gibt es Privateigentum. Es gibt reiche und arme Leute. Aber die Menschen wurden recht gut mit Waren versorgt. So ein System nennt man auch Kapitalismus.

→ Westen:
- Marktwirtschaft
- Privateigentum
- Kapitalismus
- NATO

Der Kalte Krieg und der Ost-West-Konflikt

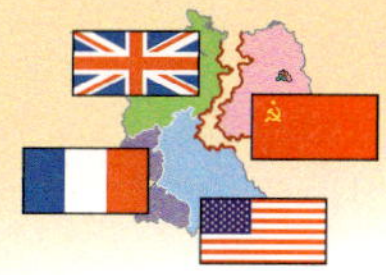

Die zwei Gesellschaftssysteme versuchten immer mehr Macht zu bekommen und weitere Länder für sich zu gewinnen.

Der Kalte Krieg

Osten und Westen standen sich als Feinde gegenüber. Deshalb spricht man auch vom Ost-West-Konflikt. Im Osten gab es das Militärbündnis Warschauer Pakt, zu dem auch die DDR gehörte. Im Westen gab es das Militärbündnis NATO, auch die Bundesrepublik Deutschland gehörte dazu. Die Militärbündnisse bedrohten sich gegenseitig mit Atomwaffen. Aus Angst vor einem Atomkrieg kämpften sie nicht direkt mit Waffen gegeneinander. Deshalb spricht man auch vom „Kalten Krieg".

2 Trage in die Tabelle die passenden Begriffe ein. Ordne zu:

NATO, alle sollen gleich viel besitzen, Marktwirtschaft, Warschauer Pakt, es gibt reiche und arme Menschen, gute Versorgung mit Waren, schlechte Versorgung mit Waren, Kapitalismus, Sozialismus, Privateigentum, Planwirtschaft, Volkseigentum

	der Westen	der Osten
Wirtschaft		
Gesellschafts-system		
Militärbündnis		

Der Kalte Krieg und der Ost-West-Konflikt

Ein „Rosinenbomber“ während der Berlin-Blockade über Berlin

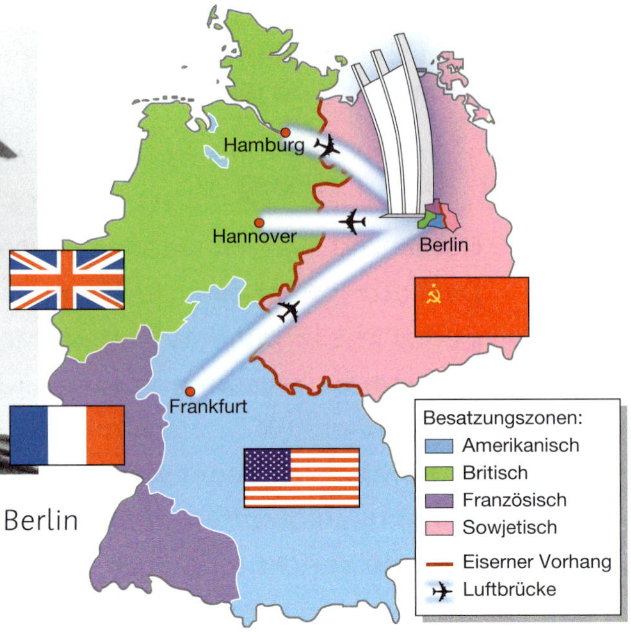

1 Beschreibt das Foto.

Die Stationen des Kalten Krieges

1. Die Blockade von Berlin und die Luftbrücke 1948–1949

Nach dem Zweiten Weltkrieg war Deutschland in vier Zonen aufgeteilt. Jede dieser Zonen wurde von einer der Siegermächte Großbritannien, USA, Frankreich und der Sowjetunion verwaltet. Berlin lag mitten in der Zone, die von der Sowjetunion besetzt war. Doch Berlin war von allen vier Siegermächten besetzt. Die Sowjetunion wollte, dass die Soldaten der Westalliierten aus Berlin abziehen. So kam es 1948 zur Berlin-Blockade. Die Sowjetunion sperrte alle Zufahrtstraßen und Eisenbahnverbindungen nach Berlin. So sollten die Westalliierten gezwungen werden, sich aus Berlin zurückzuziehen. Doch Großbritannien und die USA gaben Berlin nicht auf. Sie versorgten die Bevölkerung von Berlin mithilfe einer „Luftbrücke“. Sie transportierten Lebensmittel, Medikamente und Kleidung mit Flugzeugen nach Berlin. Erst im Mai 1949 gab die Sowjetunion ihren Plan auf.

2 Was habt ihr über die Blockade von Berlin erfahren?

3 Was denkt ihr: Warum nannten die Berliner Kinder die amerikanischen Flugzeuge zu dieser Zeit „Rosinenbomber“?

4 Informiert euch über die Berliner Luftbrücke im Internet.

→ www.luftbruecken-museum.de

www.alliierten-museum.de

2. Die Kuba-Krise und das rote Telefon 1962–1963

Während der Kuba-Krise (1962) bestand die Gefahr eines Atomkrieges. Die Sowjetunion wollte auf Kuba Atomraketen stationieren. Mit diesen Raketen hätte sie die USA angreifen können. Das wollten die USA verhindern. Die USA wiederum hatten Atomraketen in der Türkei stationiert. Mit diesen Raketen hätten die USA die Sowjetunion angreifen können. Schließlich einigten sich beide Seiten darauf, ihre Abschussanlagen abzubauen. Während der Krise hat man gemerkt, wie schlimm es war, dass Nachrichten zwischen dem Kreml* und dem Weißen Haus** bis zu 18 Stunden lang unterwegs waren. Fast wäre es zu einem Atomkrieg zwischen den beiden Großmächten gekommen. Aus dieser Situation haben sie wenigstens etwas gelernt: ein direkter Draht musste her. 1963 einigten sich die beiden Staatschefs darauf, dass eine Fernschreibeverbindung zwischen dem Weißen Haus und dem Kreml eingerichtet wird. Diese Verbindung war „das rote Telefon“. Nun konnten sich die Politiker gegenseitig innerhalb kürzester Zeit Nachrichten zukommen lassen.

* Kreml: Büro des russischen Staatschefs

** das Weiße Haus: Sitz des amerikanischen Präsidenten

5 Erklärt, warum 1963 ein „direkter Draht“ zwischen der Sowjetunion und den USA eingerichtet werden musste.

3. Das Ende des Kalten Krieges 1989–1991

Ein wichtiger Schritt der Annäherung zwischen Ost und West war das Reformjahr 1989 in Osteuropa und der Fall der Berliner Mauer. Die Reformen des sowjetischen Politikers Michail Gorbatschow leiteten diese Ereignisse ein. Die Forderung nach mehr Demokratie wurde immer stärker und eine Öffnung zum westlichen System der Marktwirtschaft war nicht mehr aufzuhalten. Seit dem Zusammenbruch der Sowjetunion 1991 gilt der Kalte Krieg als beendet.

6 Nenne 3 Stationen des Kalten Krieges. Schreibe sie auf.

1948/49: ______________________________

1962/63: ______________________________

1989/91: ______________________________

Frieden schaffen – ohne Waffen (?)

UNO = United Nations Organization, deutsch: Vereinte Nationen

1 Beschreibt die Bilder. Was machen die Soldaten der UNO?

Die UNO versucht den Weltfrieden zu sichern

1945 wurde die **UNO** gegründet. Ihre wichtigsten Ziele sind:

– den Frieden auf der ganzen Welt zu sichern;

– überall soll das Völkerrecht gelten;

– in jedem Land sollen die Menschenrechte gelten.

Um diese Ziele zu erreichen, schickt die UNO Soldaten in Kriegs- und Krisengebiete. Ihre Aufgabe ist es, Kriege oder andere Gewaltausbrüche zu verhindern, die Zivilbevölkerung zu schützen und in Notfällen Hilfe zu leisten. Die von der UNO entsendeten Soldaten tragen blaue Helme, deswegen werden sie auch „Blauhelme" genannt. Sie dürfen notfalls auch ihre Waffen einsetzen. Außerdem richtet die UNO Flüchtlingscamps ein. Dort finden Menschen Hilfe, wenn ihr Leben durch Kriege und Gewalt bedroht wird. Die UNO versorgt sie mit Lebensmitteln, Kleidung und Medikamenten. In vielen Ländern auf der ganzen Welt sicherte und sichert die UNO den Frieden. Aber nicht immer gelang es der UNO, ihre Ziele zu verwirklichen. Im ehemaligen Jugoslawien konnte sie erst den Frieden herstellen, nachdem bereits Tausende von Menschen ermordet worden waren. Im Jahr 1993 wurden in dem afrikanischen Staat Ruanda mindestens 500 000 Menschen getötet. Auch hier ist es der UNO nicht gelungen, einen Massenmord zu verhindern. Diese Ereignisse gelten als die größten Misserfolge der UNO.

Frieden schaffen – ohne Waffen (?)

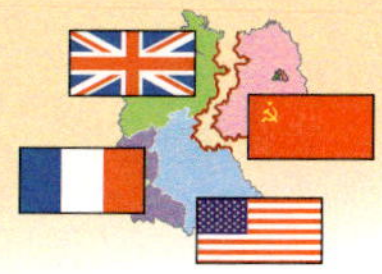

2 Erkläre die Abkürzung UNO.

U = ______________ N = ______________ O = ______________

deutsche Übersetzung: ________________________________

3 Nenne die wichtigsten Ziele der UNO.

a) ________________________________

b) ________________________________

c) ________________________________

Auf der Karte seht ihr, wo auf der Welt die UNO im Einsatz ist.

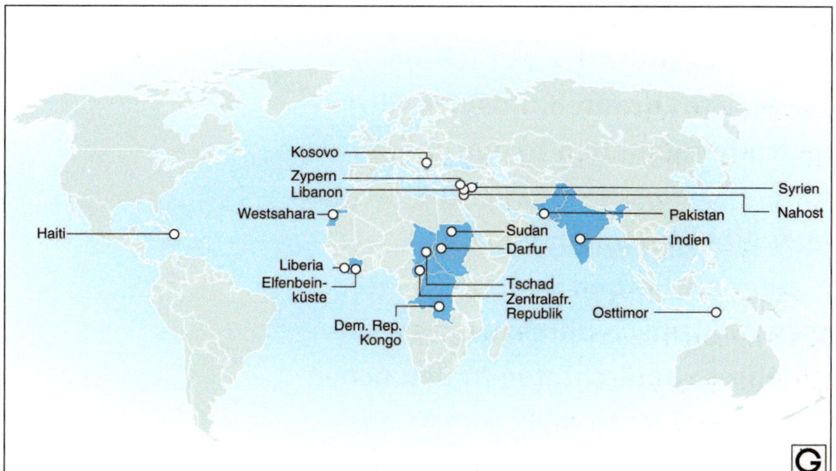

Mitarbeiter: Soldaten, Beobachter, Polizei etc.
Budget in Millionen US-Dollar, jeweils Juli 2009 bis Juni 2010 bzw. *2008 bis 2009

Haiti
MINUSTAH
Stabilisierungsmission der Vereinten Nationen in Haiti

Einsatz seit Juni 2004
Mitarbeiter 11 041
Budget 612

Nahost
UNTSO
Organisation der Vereinten Nationen zur Überwachung des Waffenstillstands

Einsatz seit Mai 1948
Mitarbeiter 374
Budget 66 Mio. US-Dollar*

Sudan
UNMIS
Mission der Vereinten Nationen in Sudan

Einsatz seit März 2005
Mitarbeiter 13 183
Budget 958

Kosovo
UNMIK
Mission der Vereinten Nationen zur Übergangsverwaltung des Kosovo

Einsatz seit Juni 1999
Mitarbeiter 360
Budget 47

4 Schreibe noch zwei Beispiele auf.
Hier hat die UNO „Blauhelme“ eingesetzt:

Jahr	Land	Kontinent
2004	Elfenbeinküste	Afrika

Krisenherd Balkan – ein Beispiel untersuchen

1 Beschreibt die Karten. Welche Veränderungen seht ihr?

Kriege im ehemaligen Jugoslawien

Früher war Jugoslawien ein einheitlicher Staat. Hier lebten verschiedene Volksgruppen wie Serben, Kroaten, Bosnier, Albaner und Slowenen viele Jahre friedlich miteinander. In den Jahren 1991 bis 1999 gab es dort mehrere Kriege. Kroaten und Slowenen gründeten eigene Staaten. Sie wollten unabhängig sein. Das führte zu Konflikten. Vor allem die Serben und die Kroaten versuchten, ihre Machtinteressen militärisch durchzusetzen. Andere Volksgruppen, die dort lebten, befürchteten in den neuen Staaten unterdrückt zu werden. So kam es zu mehreren Kriegen. Aber es wurden nicht nur Soldaten getötet. Tausende von Menschen, die gar nicht gekämpft hatten, wurden monatelang in Gefangenenlagern eingesperrt. Fast immer ging es darum, „fremde Nationalitäten" zu vertreiben und ein Gebiet für die eigene Volksgruppe zu beanspruchen. Viele starben an Hunger, Krankheiten oder wurden ermordet. Mehr als 250 000 Menschen starben. Etwa 4,5 Millionen Menschen flüchteten aus ihrer Heimat oder wurden vertrieben. Erst danach gelang es der UNO, im ehemaligen Jugoslawien wieder Frieden herzustellen.

2 Welche Ziele verfolgten die verschiedenen Volksgruppen? Markiere die Antwort im Text.

Krisenherd Balkan – ein Beispiel untersuchen

3 Sieh dir die Karten an und nenne Staaten, die auf dem Gebiet des ehemaligen Jugoslawien entstanden sind.

4 a) Was passt zusammen? Verbinde die Satzhälften zu ganzen Sätzen.

Viele Jahre lebten in Jugoslawien …	… gründeten eigene Staaten.
Einige Volksgruppen wie die Slowenen und Kroaten …	… Angst vertrieben zu werden.
Damit waren andere Gruppen nicht einverstanden. Sie hatten …	… die sie für sich allein beanspruchten.
Die verschiedenen Volksgruppen kämpften um Gebiete, …	… Angehörige verschiedener Volksgruppen und Religionen friedlich miteinander.
Viele Menschen, die nicht an den Kämpfen beteiligt waren, …	… konnte die UNO den Frieden wieder herstellen.
Erst nachdem schon viele Menschen getötet wurden, …	… wurden ermordet.

b) Schreibe die vollständigen Sätze hier auf.

Bedrohung der Welt durch Terrorismus

1 Beschreibt die Bilder. Was wisst ihr schon über den „Terrorismus"?

Terroranschläge überall auf der Welt

Terroristen verüben Bombenattentate oder Selbstmordanschläge. So versuchen sie, ihre Ziele mit Gewalt zu erreichen. Solche Terroranschläge können jeden treffen. Die Terroristen wollen die Menschen in Angst und Schrecken versetzen. Die Regierungen der Länder, gegen die Anschläge verübt werden, sollen gezwungen werden, ihre Politik zu ändern: Sie sollen z. B. ihre Soldaten aus bestimmten Gebieten abziehen. Gegen solche Terroranschläge gibt es keinen ausreichenden Schutz, denn die Terroristen können überall zuschlagen.

Der Anschlag auf das World Trade Center

Im Jahr 2001 gab es einen Anschlag gegen die USA. Islamische Terroristen entführten Passagierflugzeuge und lenkten sie in die beiden Türme des World Trade Centers in New York. Etwa 3000 Menschen kamen ums Leben. Daraufhin begannen die USA und ihre Verbündeten einen Krieg gegen Afghanistan. Denn dort sollte sich der Anführer der Terroristen verstecken. Sein Name ist Osama bin Laden. Doch Osama bin Laden konnte nicht gefangen werden. In Afghanistan gibt es jedoch keinen Frieden. Fanatiker begehen Selbstmordattentate und fast jeden Tag sterben Menschen.

Bedrohung der Welt durch Terrorismus

2 Welche Ziele verfolgen Terroristen?

3 Was geschah am 11.09.2001 in den USA?

4 Richtig oder falsch?

Aussage	richtig	falsch
Es gibt einen ausreichenden Schutz gegen den Terrorismus.	☐	☐
Die Terroristen wollen die Menschen in Angst und Schrecken versetzen.	☐	☐
Die Regierungen können nichts gegen die Terroristen unternehmen.	☐	☐
Selbstmordattentäter gefährden das Leben von vielen unschuldigen Menschen.	☐	☐

5 Arbeite mit einem Partner.
Besprecht und vergleicht eure Ergebnisse miteinander.

6 Habt ihr noch von anderen Terroranschlägen gehört oder gelesen?
Wo gab es solche Anschläge und was geschah dort?

7 Informiert euch in Zeitungen oder in den Nachrichten über das Thema Terrorismus. Sammelt Zeitungsartikel dazu.

Der Irak-Krieg – Ziele und Folgen

An einem Busbahnhof in Bagdad, der Hauptstadt des Irak, explodierten zwei Autobomben. Mehr als 35 Menschen starben, über 50 Menschen wurden verletzt.

1 Beschreibt das Bild.

Der Krieg der USA gegen den Irak

2003 griffen die USA und ihre Verbündeten den Irak an. Man vermutete, dass der Diktator* des Irak Saddam Hussein die Terrororganisation Al-Kaida** unterstützte. Diese Terrororganisation hatte den Anschlag auf das World Trade Center in New York vorbereitet.

Die USA und ihre Verbündeten verfolgten dabei drei Ziele:
1. Im Irak wurden Massenvernichtungswaffen vermutet. Diese sollten zerstört werden.
2. Der Diktator Saddam Hussein sollte gefangen genommen werden.
3. Anschließend sollte im Irak eine Demokratie eingeführt werden.

Schon nach kurzer Zeit war das Land besiegt und der Diktator Saddam Hussein gefangen. Massenvernichtungswaffen wurden jedoch nicht gefunden. Auch eine Unterstützung der Terrororganisation Al-Kaida durch den Irak konnte nicht nachgewiesen werden.

* Diktator = ein Herrscher, der allein über alles bestimmt (Herrschaftsform: Diktatur)

** Al-Kaida = eine islamische Terrororganisation. Als Gründer und Anführer der Organisation gilt Osama bin Laden.

2 Was habt ihr über den Irak-Krieg erfahren?

3 Wer war Saddam Hussein?

Der Irak-Krieg – Ziele und Folgen

4 Welche Ziele verfolgten die USA und ihre Verbündeten mit dem Angriff auf den Irak? Schreibe auf.

1) ______________________________

2) ______________________________

3) ______________________________

Der Bürgerkrieg im Irak

Ein Ziel der USA und ihrer Verbündeten blieb die Einführung der Demokratie im Irak. Doch das war schwieriger als erwartet. Ein großer Teil der Bevölkerung lehnt die Demokratie ab. Im Irak herrscht bis heute ein Bürgerkrieg*: Fast jeden Tag gibt es Anschläge und Selbstmordattentate. Durch diese Terroranschläge soll das Land ins Chaos gestürzt werden. Die Terroristen wollen die Besatzungstruppen der USA und ihrer Verbündeten aus dem Irak vertreiben.

* Bürgerkrieg = Krieg innerhalb eines Landes, in einem Land bekämpfen sich verfeindete Gruppen mit Waffen.

5 Warum ist es bisher nicht gelungen, im Irak eine Demokratie einzuführen? Erkläre.

6 Erkläre den Begriff „Bürgerkrieg".

Weiterführendes: Der Nahost-Konflikt

So sollte Palästina nach dem Plan der UNO geteilt werden (1948).

1 Beschreibt das Foto.

2 Welche Länder sind betroffen? Nennt mithilfe der Karte die Länder, die gemeint sind, wenn man vom Nahost-Konflikt spricht.

Palästina und die Gründung des Staates Israel

Nach dem Zweiten Weltkrieg entwarf die UNO einen Plan zur Gründung des Staates Israel. So sollte für die überlebenden Juden des Holocaust eine Heimat geschaffen werden. Im Jahr 1948 wurde in Palästina der Staat Israel gegründet. Nach dem Plan der UNO sollte es in Palästina nun zwei Staaten geben: Israel und einen Palästinenserstaat. In Palästina lebten seit vielen Hundert Jahren vorwiegend Araber, die „Palästinenser" genannt werden. Sie lehnten die Gründung des Staates Israel ab. Sie wollten ihr Land vollständig für sich behalten. Es kam zu mehreren Kriegen zwischen Israel auf der einen Seite und einigen arabischen Staaten auf der anderen Seite, die sich auf die Seite der Palästinenser stellten: Ägypten, Jordanien, Syrien und der Irak. Doch Israel konnte sich stets behaupten. Um sich zu schützen, besetzte Israel auch Gebiete, die nach dem Plan der UNO eigentlich den Palästinensern gehören sollten.

Weiterführendes: Der Nahost-Konflikt

3 In welchem Jahr wurde der Staat Israel gegründet? ______________

4 Nimm die Karte auf der linken Seite zur Hilfe.
Male die Karte entsprechend der Legende farbig aus und beschrifte sie.

gelb = Staat Israel
grün = Palästinenserstaat
rot = Gebiet für Juden und Palästinenser

3 Beschrifte:
Libanon, Syrien, Jordanien, Ägypten, Irak, Mittelmeer

4 Nenne die arabischen Länder, die sich auf die Seite der Palästinenser und gegen Israel stellten.

5 Profi-Aufgabe:
Informiere dich über die Situation im Nahen Osten heute.
Sammle Zeitungsartikel dazu.

Weiterführendes: Der Nahost-Konflikt

Palästina ist heute geteilt: Es gibt den Staat Israel und es gibt das Gebiet der Palästinenser. Doch noch immer herrscht kein Frieden.

Ein israelischer Soldat soll eine Bushaltestelle vor Anschlägen schützen.

1 Vermutet, warum der Soldat die Bushaltestelle schützen muss.

Israel und die Palästinenser heute

Ein Israeli erzählt:

„In Israel gibt es immer wieder Selbstmordattentate. Viele Palästinenser sind bereit, ihr eigenes Leben zu opfern, wenn sie uns damit Schaden zufügen können. Dagegen müssen wir uns zur Wehr setzen. Auch wir finden es nicht gut, wenn unsere Soldaten Busse mit Maschinengewehren kontrollieren. Aber was sollen wir denn machen? Wenn wir nicht aufpassen, versinkt unser Land im Terror. Wir sehen Israel als das Land der Juden. Unsere Vorfahren lebten hier. Wichtig für uns Juden ist die heilige Stadt Jerusalem. Hier stehen viele jüdische Heiligtümer wie die Klagemauer. Das sind wichtige Orte unseres Glaubens."

Ein Palästinenser erzählt:

„In unserem Land herrscht Trinkwassermangel. Der Staat Israel verfügt über große Wasservorräte und hat einen hohen Wasserverbrauch. Wir Palästinenser müssen mit viel weniger Wasser auskommen. Menschen sterben wegen des Wassermangels an Krankheiten. Ein anderes Problem sind die jüdischen Siedlungen. Die Juden bauen ihre Häuser und Siedlungen in unseren Gebieten. Sie drängen uns immer weiter zurück. Das können wir nicht akzeptieren. Schließlich leben wir hier seit mehrere Hundert Jahren. Auch für uns Muslime ist Jerusalem eine heilige Stadt. Hier steht eine der wichtigsten Moscheen überhaupt."

Trotz all dieser Probleme gibt es auf beiden Seiten Anstrengungen, einen Weg zum Frieden zu finden. Doch auf beiden Seiten gibt es auch Menschen, die einen Frieden mit der anderen Seite gar nicht wollen. Darum ist es schwer, eine friedlich Lösung für den Nahen Osten zu finden.

2 Ordne die folgenden Sätze dem Israeli oder dem Palästinenser zu. Achtung! Es gibt einen Satz, den beide sagen könnten.
- Die Israelis verdrängen uns.
- Wir haben Angst vor Attentätern. Darum müssen wir uns schützen.
- Jerusalem ist für uns eine heilige Stadt.
- Viele Menschen sterben bei uns wegen Trinkwassermangel.
- Sie bauen ihre Siedlungen in unseren Gebieten. Das geht doch nicht!
- Israel ist unser Land. Unsere Vorfahren lebten hier früher.

 Das könnte ein Israeli sagen:	 Das könnte ein Palästinenser sagen:

3 Profi-Aufgabe: Informiere dich über Jerusalem, die heilige Stadt von 3 Religionen. Benutze dabei Sachbücher und das Internet.

Das kann ich!

1 Ordne den Bildern die passenden Begriffe zu.

Nahost-Konflikt, Irakkrieg, Atombombe, Terroranschlag, UNO, Kalter Krieg

2 Suche im Kapitel die entsprechenden Jahreszahlen oder das richtige Datum.

– Kalter Krieg ______________________

– Gründung des Staates Israel ______________________

– Nahost-Konflikt ______________________

– Kubakrise ______________________

– Terroranschlag in New York ______________________

– Irakkrieg ______________________

Das kann ich!

3 Ordne den Begriffen die passenden Erklärungen zu.

Fanatiker	Jeder kann produzieren und verkaufen, was er will – so wie auf einem Markt. Auf diese Weise werden die Menschen am besten mit allem versorgt, was sie brauchen.
Planwirtschaft	Menschen, die mit allen Mitteln ihr Ziel verfolgen. Sie nehmen den Tod anderer Menschen und auch den eigenen Tod dabei in Kauf.
Diktator	Die Regierung bestimmt durch einen Plan, was hergestellt wird, damit die Menschen versorgt werden.
Marktwirtschaft	In einem Land bekämpfen sich verfeindete Gruppen mit Waffen.
Bürgerkrieg	ein Herrscher, der allein über alles bestimmt.

4 Sätze die passenden Satzhälften zusammen. Verbinde.

Im Kalten Krieg …	… war ein Höhepunkt des „internationalen Terrorismus“.
Im Nahost-Konflikt …	… standen sich der Osten unter der Führung der Sowjetunion und der Westen unter Führung der USA feindlich gegenüber.
Der Anschlag auf das World Trade Center in New York …	… stehen sich Israel und die Palästinenser feindlich gegenüber.
Ziele der UNO sind …	… besteht die Gefahr eines Atomkrieges.
Seit dem Zweiten Weltkrieg …	… die Sicherung des Friedens und der Schutz und die Durchsetzung der Menschenrechte.

5 Schreibe die ganzen Sätze aus Aufgabe 4 auf ein Blatt auf.

Lexikon

Afrika	Afrika ist der Kontinent, der südlich von Europa liegt. In Afrika gibt es sehr trockene Gebiete (Wüsten), aber auch tropische Regenwälder. Afrika besteht aus über 50 Staaten. Verglichen mit Europa sind die meisten Menschen in Afrika sehr arm. Historisch gesehen, war Afrika lange Zeit in Kolonien aufgeteilt. Im Zeitalter des Imperialismus kämpften die Länder Europas vor allem um Kolonien in Afrika. Vor dem Ersten Weltkrieg war schon fast das ganze Gebiet von Afrika unter den „Mutterländern" aufgeteilt. Erst im Jahr 1960 gelang es den meisten afrikanischen Kolonien, sich zu befreien und unabhängige Staaten zu gründen.
die Alliierten	Das Wort kommt aus der lateinischen Sprache und bedeutet „Verbündete". Als Alliierte bezeichnet man eigentlich die Staaten, die im Zweiten Weltkrieg gegen das Deutsche Reich und seine Partner kämpften. Doch auch im Ersten Weltkrieg gab es Alliierte. Das war das Staatenbündnis, das sich gegen die Mittelmächte Deutsches Reich und Österreich-Ungarn stellte. Dazu gehörten Großbritannien, Frankreich und Russland.
die Aufrüstung	Wenn ein Staat aufrüstet, dann erhöht er die Stärke seines Militärs. Dafür werden mehr Waffen produziert, mehr Menschen für den Dienst in der Armee verpflichtet und es wird versucht, die Technik des Kriegsgerätes (Panzer, Gewehre, Munition usw.) zu verbessern. Zu besonders großer Aufrüstung kam es in Deutschland vor dem Ersten und vor dem Zweiten Weltkrieg.
die Besatzungszone	Nach der Kapitulation des nationalsozialistischen Deutschlands besetzten die Siegermächte (die Sowjetunion, die USA, Frankreich und Großbritannien) das Land und teilten es in vier Besatzungszonen. Auch die deutsche Hauptstadt Berlin wurde in vier Sektoren geteilt. Die Regierungsgewalt lag bis zur Gründung der beiden deutschen Staaten 1949 beim militärischen Oberbefehlshaber der jeweiligen Zone.
der Bundeskanzler, die Bundeskanzlerin	Der Chef der Regierung in Deutschland ist der Bundeskanzler. Er wird alle vier Jahre vom Bundestag gewählt. Der Bundeskanzler bestimmt, welche Politik gemacht wird. So sucht er zum Beispiel die Minister und Ministerinnen aus, mit denen er das Regierungsteam bildet. Derzeit ist die Regierungschefin eine Frau – seit 2005 heißt die Bundeskanzlerin Angela Merkel. Sie ist Mitglied der Partei „CDU".

der Bundespräsident, die Bundes-präsidentin	Der Bundespräsident steht in der deutschen Regierung noch über dem Bundeskanzler. Er ist das Staatsoberhaupt und bleibt für fünf Jahre im Amt. Er wird von der Bundesversammlung gewählt. Diese Versammlung setzt sich aus Mitgliedern des Bundestages und Personen zusammen, die in den Parlamenten der Bundesländer arbeiten. Der zukünftige Bundespräsident muss Deutscher und bei der Wahl mindestens 40 Jahre alt sein. Die Hauptaufgabe des Präsidenten ist, Deutschland bei offiziellen Anlässen zu vertreten. Außerdem schließt er Verträge mit anderen Ländern ab. Unser aktueller Bundespräsident heißt Horst Köhler.
der Bundestag	Der Bundestag ist das Parlament von Deutschland. Die Menschen, die im Bundestag arbeiten, nennt man Abgeordnete. Sie werden alle vier Jahre direkt durch das Volk gewählt. Mindestens 598 Abgeordnete arbeiten im Deutschen Bundestag. Sie haben wichtige Aufgaben zu erfüllen. So wählen sie den Bundeskanzler, kontrollieren die Regierung und beschließen Gesetze. Der Bundestag hat seinen Sitz in der Hauptstadt Berlin.
das Bürgerliche Gesetzbuch (BGB)	Im BGB stehen Gesetze, die das Zusammenleben der Bürger in Deutschland regeln. Es ist in fünf Bücher unterteilt. So enthält das BGB Regelungen über die Ehe und Familie, über Eigentum und Besitz. Im Erbrecht, dem fünften Buch, steht alles rund um die Themen Testament, Erbe und Erbfolge. Im BGB finden sich zudem Gesetze, die die Rechte der Bürger bei Kauf- oder Mietverträgen regeln. Auch Richtlinien der EU werden in Form von Gesetzesänderungen in das BGB eingearbeitet.
die Demonstration, die Demonstrationen	Wenn Menschen mit einer Situation unzufrieden sind, dann gehen sie auf die Straße, um zu demonstrieren. Das ist Lateinisch und bedeutet „auf etwas hinweisen, deutlich machen". Für eine Demonstration treffen sich viele Leute zu einer bestimmten Zeit an einem bestimmten Ort. Einige haben Plakate dabei, auf denen ihre Forderungen stehen. Menschen demonstrieren zum Beispiel für den Klimaschutz, für bessere Politik oder höhere Löhne.
der D-Day	„D-Day" bedeutet so viel wie „Decision Day", also „Tag der Entscheidung". Heute bezeichnet der Begriff D-Day meist den Tag, an dem alliierte Streitkräfte in Frankreich landeten, um Hitler-deutschland zu besiegen und den Zweiten Weltkrieg zu beenden. An diesem Tag, dem 6. Juni 1944, kamen über 150 000 alliierte Soldaten auf über 3000 Schiffen an die französische Küste. In den folgenden Tagen und Wochen setzte sich die Invasion fort. Ende Juni waren bereits 1 Million alliierte Soldaten in Frankreich. Es gelang ihnen jedoch erst Ende Juli 1944, die deutsche Front zu durchbrechen.

die Diktatur	Eine Diktatur ist eine Regierungsform. Im Gegensatz zu einem Rechtsstaat bestimmt in einer Diktatur nicht das Volk, sondern eine einzelne Partei oder eine einzelne Person – der Diktator. Oftmals wurde diese Person nicht durch freie Wahlen bestimmt, sondern sie hat sich selbst an die Macht gebracht. In einer Diktatur werden die Grundrechte der Menschen nicht geschützt. Die Macht des Diktators ist unbeschränkt. Er kontrolliert die Gerichte, die Polizei und andere Einrichtungen des Staates. Auch die Menschen, die in einer Diktatur leben, werden ständig kontrolliert und überwacht.
diskriminieren	„Discriminare" ist lateinisch und bedeutet trennen, unterscheiden, gegeneinander abgrenzen. Allgemein bezeichnet man die Ungleichbehandlung von Menschen als Diskriminierung. Menschen werden zum Beispiel wegen ihrer Hautfarbe, ihrer Religion oder ihres Geschlechts diskriminiert, d. h. gegenüber anderen Menschen unfair und ungleich behandelt.
der Erste Weltkrieg	Der Erste Weltkrieg begann 1914 und endete 1918. In ihm standen sich anfangs nur europäische Länder gegenüber. Das Deutsche Reich und Österreich-Ungarn auf der einen Seite und Frankreich, Russland und Großbritannien auf der anderen Seite. 1917 traten die Vereinigten Staaten in den Krieg ein. Sie kämpften für die Alliierten. Man spricht daher von einem Weltkrieg. 8 bis 10 Millionen Menschen starben in diesem Krieg. Darunter waren nicht nur Soldaten, sondern auch normale Bürger. Diese starben durch Kampfhandlungen, Hunger und Krankheit.
die EWG (Europäische Wirtschafts-gemeinschaft)	Die EWG wurde am 25. März 1957 durch die Unterzeichnung der Römischen Verträge gegründet. Belgien, die Bundesrepublik Deutschland, Frankreich, Italien, Luxemburg und die Niederlande waren die Gründungsmitglieder der EWG. Die bereits bestehende und sehr erfolgreiche Zusammenarbeit auf dem Gebiet der Kohle und Stahlindustrie hatte die Länder veranlasst, dies auf weitere Wirtschaftsbereiche auszudehnen. Die Ziele der EWG waren daher die Beseitigung von Handelsschranken und die Bildung eines gemeinsamen Marktes. Die EWG wurde 1967 in „EG" (Europäische Gemeinschaften) umbenannt.
das Gesetz, die Gesetze	Das Gesetz ist eine Sammlung von Regeln. Diese stehen im Gesetzbuch. Die wichtigste Sammlung von Gesetzen in Deutschland ist das Grundgesetz.

das Ghetto	Ghettos waren im Mittelalter Viertel in europäischen Städten, in denen die jüdische Bevölkerung getrennt von der christlichen Bevölkerung lebte. Das Ghettosystem wurde am Ende des 18. Jahrhunderts weitestgehend abgeschafft. Die Nationalsozialisten richteten im Zweiten Weltkrieg in eroberten Gebieten in Osteuropa fast 1000 Ghettos ein. Dort wurde die jüdische Bevölkerung eingesperrt und zur Zwangsarbeit verpflichtet. In den Ghettos herrschten sehr schlechte hygienische Zustände. Die Menschen mussten auf engstem Raum zusammenleben. Es war ihnen verboten, das Ghetto zu verlassen, um Lebensmittel und Medikamente zu besorgen. Nach Errichtung der Vernichtungslager im Frühjahr 1942 begann der Abtransport der jüdischen Bevölkerung aus den Ghettos.
die Gleichschaltung	Nach der Machtübernahme der Nationalsozialisten 1933 wurden verschiedene Gesetze erlassen, die dafür sorgten, dass die Länder „gleichgeschaltet" wurden. Das heißt, sämtliche Positionen in Ämtern und Verwaltungen wurden mit Gefolgsleuten der NSDAP besetzt. Demokratische, liberale und jüdische Beamte verloren ihre Stellen; andere Parteien wurden verboten oder lösten sich selbst auf. Zur Gleichschaltung gehörte auch, dass die Nationalsozialisten Kontrolle über Zeitungen, Filme und Hörfunk sowie über Vereine und Verbände erlangten. Als Symbol der Gleichschaltung diente das Hakenkreuz, das Parteiabzeichen der NSDAP.
das Grundgesetz	Das Grundgesetz ist die Verfassung der Bundesrepublik Deutschland. Im Grundgesetz ist die politische und rechtliche Grundordnung unseres Staates festgelegt. Außerdem enthält das Grundgesetz die Grundrechte, die für alle Bürger Deutschlands gelten. Dazu gehören zum Beispiel das Recht auf freie Meinungsäußerung sowie das Recht auf Gleichheit vor dem Gesetz.
das Hakenkreuz	Das Hakenkreuz ist ein sehr altes Symbol für Glück und Fruchtbarkeit, das von verschiedenen Kulturen schon in der Antike verwendet wurde. Anfang des 20. Jahrhunderts begannen nationalistische und antisemitische Gruppierungen, das Hakenkreuz für ihre Zwecke zu benutzen. Die NSDAP übernahm es Anfang der 1920er Jahre als offizielles Parteizeichen. Nach der Machtübernahme Adolf Hitlers diente das Hakenkreuz allen Organisationen, die der NSDAP angeschlossen waren, als Erkennungszeichen. Es fand sich zum Beispiel auf Armbinden oder Fahnen.

Hitler, Adolf	Adolf Hitler lebte von 1889 bis 1945. Er wurde in Österreich geboren und wollte eigentlich Künstler werden. Er nahm als Soldat am Ersten Weltkrieg teil und wurde dabei verwundet. Anfang der 1920er Jahre begann er, politisch aktiv zu werden. 1921 wurde Hitler Chef der Nationalsozialistischen Arbeiterpartei Deutschlands (NSDAP). 1933 ließ er sich zum Reichskanzler wählen und errichtete eine Diktatur in Deutschland. Das war das so genannte „Dritte Reich“. Mit dem Überfall auf Polen durch deutsche Truppen wurde 1939 der Zweite Weltkrieg ausgelöst. Als Hitler erkannte, dass Deutschland den Krieg verloren hat, beging er 1945 in Berlin Selbstmord.
der Holocaust	Mit diesem Wort bezeichnet man heute die Vernichtung der europäischen Juden durch die Nationalsozialisten. Der Begriff kommt aus dem Griechischen („holókaustus“) und bedeutet so viel wie „vollkommenes Brandopfer“. In der Bibel ist damit ein Opfertier gemeint, das vollständig verbrannt wurde. Die Nationalsozialisten selbst bezeichneten den Völkermord als „Endlösung“. Der hebräische Begriff dafür ist „Shoah“, was „totale Zerstörung“ bedeutet.
die Inflation	Die Inflation ist ein Begriff aus der Wirtschaft. Es bedeutet: das Geld wird wertlos. Wenn die Regierung in einem Staat immer mehr Geld drucken lässt, aber für das Geld immer weniger Waren zu kaufen sind, dann sprechen wir über Inflation. Die Waren werden immer teurer und das Geld wird immer weniger wert.
Kalter Krieg	Im Zweiten Weltkrieg kämpften die Alliierten (Verbündeten) Großbritannien, USA, Frankreich und die Sowjetunion gemeinsam gegen Deutschland. Doch schon gegen Ende des Krieges zeigte sich, dass die Westalliierten Großbritannien, USA und Frankreich andere Ziele verfolgten als die Sowjetunion. Osten und Westen standen sich als Feinde gegenüber. Deshalb spricht man auch vom Ost-West-Konflikt. Im Osten gab es das Militärbündnis Warschauer Pakt, zu dem auch die DDR gehörte. Im Westen gab es das Militärbündnis NATO, auch die Bundesrepublik Deutschland gehörte dazu. Die Militärbündnisse bedrohten sich gegenseitig mit Atomwaffen. Aus Angst vor einem Atomkrieg kämpften sie nicht direkt mit Waffen gegeneinander. Deshalb spricht man auch vom „Kalten Krieg“.
Kapitalismus	In kapitalistischen Staaten gibt es eine Marktwirtschaft. Diese Wirtschaft wird nicht direkt vom Staat gelenkt. Hier wird viel durch die Unternehmen, durch den Markt und durch das Kapital bestimmt. In der Marktwirtschaft soll ein Prinzip verwirklicht werden: Wer viel leistet, der soll auch dafür belohnt werden.

die Kapitulation	Kapitulieren bedeutet umgangssprachlich so viel wie aufgeben. Wer kapituliert, erklärt sich bereit, keinen Widerstand mehr zu leisten. Dieser Vorgang wird im Krieg oft durch das Zeigen einer weißen Fahne symbolisiert. Die deutsche Wehrmacht kapitulierte 1945 bedingungslos. Damit endete der Zweite Weltkrieg und die Deutschen mussten die Besatzung des Landes durch die alliierten Streitkräfte akzeptieren.
die Kolonie, die Kolonien	Kolonien gab es bereits im Altertum. Das Wort bedeutet soviel wie„Ansiedlung". Viele europäische Staaten, die Mutterländer, hatten bis zum Ersten Weltkrieg Kolonien in aller Welt. Deutsche, französische oder britische Beamte kontrollierten und verwalteten die Kolonien im Auftrag ihrer Regierungen. Die Einwohner der Kolonien hatten dabei keine oder nur wenige Rechte. Wertvolle Güter, Bodenschätze oder Nahrungsmittel wurden aus den Kolonien in die Mutterländer gebracht. Die Mutterländer wurden dadurch immer reicher. Erst nach dem Zweiten Weltkrieg gaben viele Mutterländer ihre Kolonien wieder auf.
das Konzentrations-lager (KZ)	In einem Konzentrationslager wurden Menschen während der Herrschaft der Nationalsozialisten auf engstem Raum „konzentriert", also zusammengeschlossen. Woher die Abkürzung „KZ" stammt, ist bis heute unklar. Die Konzentrationslager wurden anfangs von der SA und der SS eröffnet und bewacht, später lag die Verantwortung allein bei der SS. Sie beschäftigte und bezahlte zum Beispiel die KZ-Aufseher und Aufseherinnen. Ab 1933 wurden Menschen in KZ eingewiesen; das erste deutsche Konzentrationslager war Dachau (bei München). Neben den schlechten hygienischen Bedingungen, dem Hunger und den Krankheiten starben viele KZ-Häftlinge aufgrund von Gewalt und Terror, sie wurden von der SS erschlagen, erschossen oder erhängt. Sehr viele Häftlinge mussten zudem Zwangsarbeit leisten und in den Außenlagern in Steinbrüchen oder für die Rüstungsindustrie arbeiten.
die Kriegs-gefangenschaft	Kriegsgefangene sind Personen, die von einer gegnerischen Armee während eines bewaffneten Konflikts gefangen genommen werden. Während des Zweiten Weltkrieges kamen sehr viele alliierte Soldaten in deutsche Kriegsgefangenschaft. Die größte Gruppe war die der sowjetischen Soldaten mit über fünf Millionen Gefangenen. Über die Hälfte von ihnen starb in Konzentrationslagern oder bei der Zwangsarbeit. Weit über elf Millionen deutscher Soldaten kamen in alliierte Kriegsgefangenschaft. Die meisten kehrten bis Ende 1949 nach Hause zurück. Die letzten deutschen Kriegsgefangenen wurden jedoch erst 1956 aus Lagern in der Sowjetunion entlassen. Über eine Million deutsche Soldaten kamen in der Kriegsgefangenschaft ums Leben.

die Marine	Die deutsche Bundeswehr setzt sich aus drei Abteilungen zusammen: dem Heer, der Luftwaffe und der Marine. Die Seestreitkräfte heißen Marine. Der Begriff leitet sich vom lateinischen Wort „marinus" ab, was „zum Meer gehörig" bedeutet. Zur Marine gehören Kriegsschiffe wie z. B. Flugzeugträger, U-Boote, Marineflieger und Handelsschiffe.
die Menschenrechte	Die Menschenrechte sind die Rechte, die jedem Menschen, unabhängig von seiner Staatsangehörigkeit, zustehen sollen. Zu den Menschenrechten gehören u. a. das Recht auf Freiheit (Meinungsfreiheit, Reisefreiheit usw.) und auf Gleichheit, das Recht auf Leben sowie der Schutz vor Folter und Misshandlung. Nach dem Zweiten Weltkrieg, 1948, verabschiedete die UNO eine Allgemeine Erklärung der Menschenrechte. Viele Staaten haben die Vorschläge dieser Erklärung in ihre Verfassung aufgenommen. In Deutschland findet man die Menschenrechte in Form der Grundrechte im Grundgesetz.
die Metropole, die Metropolen	Der Begriff stammt aus der griechischen Sprache und hat heute verschiedene Bedeutungen. Als Metropole bezeichnet man Städte mit sehr vielen Einwohnern. Dort wohnen mehr als eine Million Menschen. Eine Metropole ist außerdem das politische, wirtschaftliche, kulturelle und religiöse Zentrum einer Region.
das Militärbündnis	Staaten schließen Bündnisse, in denen sie militärisch zusammenarbeiten. Das schließt meist auch ein, dass sie sich im Falle eines Angriffs von einem Nicht-Bündnispartner gegenseitig helfen. Militärbündnisse gab es schon in der Antike. Heute ist die NATO das größte Militärbündnis der Welt.
die Mittelmächte	Die Mittelmächte waren im Ersten Weltkrieg Länder, die in ein Militärbündnis eingingen. Die beiden Hauptverbündeten waren das Deutsche Reich und Österreich-Ungarn. Weil diese Länder in der Mitte Europas liegen, nannte man sie Mittelmächte.
die Monarchie	Die Monarchie ist eine Herrschaftsform, bei der ein Monarch oder eine Monarchin ganz allein regiert. Das Wort bedeutet„ Alleinherrschaft". Im Altertum und im Mittelalter hatten Könige und Kaiser als Monarchen tatsächlich noch die Macht, alles allein zu entscheiden. Später bildeten sich auch andere Formen der Monarchie heraus, in der mehr Menschen etwas zu sagen hatten.
die Nationalversammlung	Das ist die Bezeichnung für eine gewählte Volksvertretung. Ihre Mitglieder sollen eine Verfassung für den Staat erarbeiten. Die berühmteste Nationalversammlung in der Geschichte ist die französische Nationalversammlung. Sie wurde während der Französischen Revolution gegründet.

die Nürnberger Prozesse	In Nürnberg fanden 1945 /1946 die Prozesse gegen die Hauptkriegsverbrecher statt. Die Alliierten warfen den Angeklagten die Planung und Führung eines Angriffskrieges, die Verschwörung gegen den Weltfrieden, Kriegsverbrechen und Verbrechen gegen die Menschlichkeit vor. Insgesamt wurde gegen 24 Politiker, hohe Beamte, Funktionäre der NSDAP und Generäle ermittelt; zwölf Todesurteile wurden vollstreckt. Adolf Hitler stand nicht vor Gericht, da er sich am Ende des Krieges bereits das Leben genommen hatte. Dem Hauptkriegsverbrecherprozess folgten von 1946–1948 zwölf weitere Verfahren in Nürnberg, bei dem 177 Personen auf der Anklagebank saßen.
die Politik	Das Wort kommt aus dem Griechischen („polis") und bedeutet soviel wie „Stadt" oder „Gemeinschaft". Griechische „polis" waren Stadtstaaten, die sich selbst verwalteten. Heute nennt man alles, was das Zusammenleben der Bürger eines Staates regelt, Politik. Das Leben einer Person ist jeden Tag durch politische Entscheidungen und darauf aufbauende Gesetze bestimmt. Politik ist auch ein Schulfach. Es beschäftigt sich damit, wie das Zusammenleben der Menschen im Alltag oder auch in Staaten geregelt ist.
die Propaganda	Ziel der nationalsozialistischen Propaganda war, alle Deutschen von der Politik der NSDAP und von der Weltanschauung der Nationalsozialisten zu überzeugen. Das nationalistische und antisemitische Gedankengut sollte sich ausbreiten und in den Köpfen der Menschen festsetzen. Dafür wurde im März 1933 ein eigenes Ministerium gegründet, das „Reichsministerium für Volksaufklärung und Propaganda". Wirksame Mittel der Propaganda waren zum Beispiel die Aufmärsche und Fackelzüge der SA sowie die stundenlangen Reden von Adolf Hitler im Radio oder vor Tausenden von Menschen. Darin schwur er das Volk darauf ein, ihm, dem „Führer", zu vertrauen und seiner Politik zu folgen.
die Reichswehr/ die Wehrmacht	Die Reichswehr wurde nach dem Ersten Weltkrieg gegründet. Sie bestand damals nur aus wenigen Tausend Soldaten. Deutschland war es aufgrund des Versailler Vertrags verboten, wieder eine große, schlagkräftige Armee aufzubauen. Adolf Hitler jedoch benötigte eine kriegsfähige Armee für seine Pläne. Nach seiner Machtübernahme wurde die Reichswehr im August 1934 daher allein auf ihn vereidigt. Die Bestimmungen des Versailler Vertrags wurden in Deutschland fortan ignoriert. 1935 wurde die Reichswehr in Wehrmacht umbenannt. Am Beginn des Zweiten Weltkrieges bestand die Wehrmacht aus fast drei Millionen Soldaten. Insgesamt wurden von 1939 –1945 fast 17 Millionen Männer in die Wehrmacht eingezogen. Fünf Millionen Soldaten starben.

der Rechtsstaat	Die Bundesrepublik Deutschland ist ein Rechtsstaat. Das heißt, in unserem Land wird alles durch Gesetze geregelt und es gibt eine Verfassung – das Grundgesetz. Alles, was der Staat tut, muss nach diesen Regeln geschehen. So werden die Rechte der Bürger in Deutschland geschützt. Unabhängige Gerichte überprüfen, ob der Staat sich an die Regeln hält. Das Gegenteil von einem Rechtsstaat ist die Diktatur.
die Regierung	Die Regierung eines Staates bestimmt die Politik des Landes. Das bedeutet, sie regelt zum Beispiel die Gesetzgebung. Eine Regierung besteht aus einem Regierungschef und mehreren Ministern. Auf Sitzungen beraten und besprechen sie Probleme, die behoben werden müssen. Wenn sie eine Idee für ein neues Gesetz haben, dann muss das Parlament, also der Deutsche Bundestag, darüber abstimmen. Erst dann kann das neue Gesetz in Kraft treten.
der Reichskanzler	Ein Kanzler war im Mittelalter der Leiter einer Schreibstube, der Kanzlei. Nach der Gründung des Deutschen Reiches 1871 nannte man den Regierungschef Reichskanzler. Auch in der Weimarer Republik leitete der Reichskanzler die Regierungsgeschäfte. Er wurde vom Reichspräsidenten bestimmt und entlassen. Aber auch der Reichstag, das Parlament in der Weimarer Republik, konnte den Reichskanzler abwählen. Somit war der Reichskanzler sowohl vom Reichspräsidenten als auch vom Reichstag abhängig. Seit dem Ende des Zweiten Weltkriegs heißt der Chef der Regierung in Deutschland nicht mehr Reichskanzler, sondern Bundeskanzler.
Scheidemann, Philipp	Philipp Scheidemann lebte von 1965 bis 1939. Er war ein deutscher Politiker und Mitglied der Sozialdemokratischen Partei Deutschlands (SPD). Die Ausrufung der Republik am Ende des Ersten Weltkrieges machte ihn berühmt. Im November 1918 verkündete er von einem Fenster des Reichstagsgebäudes in Berlin das Ende des Deutschen Kaiserreiches. 1919 wurde er von der Nationalversammlung in Weimar zum ersten Reichskanzler der Weimarer Republik gewählt. Er trat noch im selben Jahr zurück und wurde Oberbürgermeister von Kassel, seiner Geburtsstadt. Als die Nationalsozialisten 1933 an die Macht kamen, flüchtete Scheidemann aus Deutschland und lebte bis zu seinem Tod im Ausland. Er starb in Dänemark.

die SA (Sturmabteilung)	Die SA wurde bereits 1921, also zu Beginn der Weimarer Republik, als Unterabteilung der NSDAP gegründet. Ihre Mitglieder trugen braune Uniformen und eine Armbinde mit dem Hakenkreuz. Hauptaufgabe der SA war die „Eroberung der Straße". In Aufmärschen und durch Terror- und Gewaltaktionen gegen politische Gegner, Juden und Andersdenkende sollte die Stärke der NS-Bewegung demonstriert werden. Nach der Machtübernahme durch Adolf Hitler hatte die SA rund 4 Millionen Mitglieder. Nach 1934 verlor die Organisation jedoch an Bedeutung. SA-Mitglieder wurden nun hauptsächlich für Propaganda-Aktionen eingesetzt.
der Schwarzmarkt	Schwarzmarkt nennt man einen Markt, der nicht vom Staat kontrolliert wird. Dort werden illegale Güter verkauft und gekauft, die schwer zu beschaffen oder verboten sind (Waffen, Drogen, in einigen Ländern auch Alkohol). Schwarzmärkte entstehen vor allem in schwierigen wirtschaftlichen Zeiten. Nach dem Ersten und dem Zweiten Weltkrieg etwa „organisierten" sich die Menschen Lebensmittel, Kleidung oder andere Waren des täglichen Bedarfs auf Schwarzmärkten, weil es in den Geschäften nicht genug davon zu kaufen gab. Zwar findet man auf dem Schwarzmarkt fast immer, wonach man gesucht hat, doch werden die Waren meist zu überhöhten Preisen angeboten.
die Sozialdemokratie	Die Sozialdemokratie ist eine politische Bewegung, die im 19. Jahrhundert entstanden ist. Durch die Industrialisierung war die Armut unter den Arbeitern damals stark gestiegen. Die Idee der Sozialdemokraten war, die wirtschaftliche Situation und die Lebensbedingungen der Menschen zu verbessern. Der Staat sollte dabei die Hauptverantwortung tragen und für soziale Gerechtigkeit sorgen. Die Sozialdemokraten sehen sich auch heute noch als Volkspartei. Früher trat die Sozialdemokratische Partei Deutschlands (SPD) besonders für die breite Schicht der Arbeiter ein. Heute wählen auch andere Berufsgruppen sozialdemokratisch.
Sozialismus/ Kommunismus	Im Sozialismus oder Kommunismus in den ehemaligen Ostblockstaaten gab es eine Planwirtschaft. Geschäfte und Fabriken gehörten dem Staat. Die Regierung wollte eine Idee verwirklichen: Alle Menschen sollten gleich viel besitzen. Niemand sollte benachteiligt sein. Fabriken, Betriebe und die Landwirtschaft wurden verstaatlicht. Es gab viele Volkseigenen Betriebe (VEB). Doch trotz dieser Theorie gab es viele Probleme. Die absolute „Gleichheit" konnte nicht erreicht werden.

der Sozialstaat	Deutschland ist nicht nur ein Rechtsstaat, sondern auch ein Sozialstaat. „Sozial" bedeutet „gemeinsam, verbunden". Der Staat ist also mit seinen Bürgern verbunden. Ein Sozialstaat sorgt für seine Bürger. Das bedeutet, dass Menschen unterstützt werden, wenn sie krank oder arbeitslos sind. Dafür gibt es das System der Sozialversicherungen. Außerdem kümmert sich der Staat um soziale Einrichtungen wie Schulen, Kindergärten oder Krankenhäuser. Der Staat bezahlt Menschen dafür, dass sie für die Gemeinschaft arbeiten (Polizisten, Feuerwehrleute, Lehrer). Das Geld für diese Ausgaben kommt von den Bürgern, die Steuern an den Staat bezahlen. Wie in einem Kreislauf helfen sich die Bürger und der Staat also stets gegenseitig.
die SS (Schutzstaffel)	Die SS wurde 1925 gegründet und war anfangs eine Unterabteilung der SA. Ihre Mitglieder trugen schwarze Uniformen, daher nannte man die SS auch den „Schwarzen Orden". Ursprünglich diente die SS dem persönlichen Schutz von Adolf Hitler. 1934 wurde die SS eine selbstständige Abteilung der NSDAP, die dem „Führer" direkt unterstand. Die SS übernahm die Aufsicht und Leitung der Konzentrationslager. Während des Zweiten Weltkrieges wurde auch eine Wirtschaftsabteilung der SS gegründet. In SS-eigenen Betrieben waren Tausende Zwangsarbeiter beschäftigt.
der Terrorismus	Terroristen verüben Bombenattentate oder Selbstmordanschläge. So versuchen sie, ihre Ziele mit Gewalt zu erreichen. Solche Terroranschläge können jeden treffen. Die Terroristen wollen die Menschen in Angst und Schrecken versetzen. Die Regierungen der Länder, gegen die Anschläge verübt werden, sollen gezwungen werden, ihre Politik zu ändern: Sie sollen z. B. ihre Soldaten aus bestimmten Gebieten abziehen. Gegen solche Terroranschläge gibt es keinen ausreichenden Schutz, denn die Terroristen können überall zuschlagen.
das U-Boot, die U-Boote	U-Boot ist die Abkürzung für Unterseeboot. U-Boote sind also Boote, die nicht auf, sondern unter der Wasseroberfläche fahren. Am Ende des 19. Jahrhunderts gelang es, U-Boote zu entwickeln, die auch für militärische Zwecke genutzt werden konnten. Mit ihnen konnte man tief tauchen und lange unter Wasser bleiben. Im Ersten Weltkrieg wurden U-Boote erstmals als Handelsschiffe und Kriegsschiffe eingesetzt. Mit Hilfe von Torpedos wurden Überwasserschiffe beschossen und zum Sinken gebracht.

die UNO	1945 wurde die UNO (=United Nations Organization, deutsch: Vereinte Nationen) gegründet. Ihre wichtigsten Ziele sind: – den Frieden auf der ganzen Welt zu sichern; – überall soll das Völkerrecht gelten – in jedem Land sollen die Menschenrechte gelten. Um diese Ziele zu erreichen, schickt die UNO Soldaten in Kriegs- und Krisengebiete. Ihre Aufgabe ist es, Kriege oder andere Gewaltausbrüche zu verhindern, die Zivilbevölkerung zu schützen und in Notfällen Hilfe zu leisten. Die von der UNO entsendeten Soldaten tragen blaue Helme, deswegen werden sie auch „Blauhelme" genannt.
die Verfassung	Eine Verfassung beschreibt die Ordnung eines Staates. Außerdem legt sie die Rechte und Pflichten der Bürger fest. In der Verfassung stehen auch die Aufgaben der verschiedenen Staatsorgane, so zum Beispiel der Regierung. Eine demokratische Verfassung wird meist aufgeschrieben. Sie garantiert die Menschenrechte und regelt die Aufteilung der staatlichen Gewalt.
das Vernichtungslager	Ab 1941 richteten die Deutschen im besetzten polnischen Gebiet Vernichtungslager ein: Auschwitz, Bełżec, Chełmno, Treblinka, Majdanek und Sobibór. Dort fand die systematische, also genau geplante Ermordung von Millionen von Menschen statt. Diese waren hauptsächlich aufgrund ihres Status als „Jude" oder „Jüdin" aus osteuropäischen Ghettos in die Lager deportiert worden. Auschwitz und Majdanek dienten auch als Konzentrationslager, d. h., dort wurden Menschen zur Zwangsarbeit verpflichtet und in andere Lager weitertransportiert. Bełżec, Chełmno, Treblinka und Sobibór jedoch waren reine Vernichtungslager. Fast zwei Millionen Menschen wurden allein in diesen vier Lagern durch Giftgas ermordet.
der Versailler Vertrag	Versailles ist eine Stadt in der Nähe von Paris. Versailles hatte seit dem 17. Jahrhundert besondere Bedeutung. Hier ließ der Sonnenkönig Ludwig XIV sein Prunkschloss bauen. In diesem Schloss wurde im Juni 1919 der Friedensvertrag von Versailles unterzeichnet. Er beendete den Ersten Weltkrieg formell. Der Waffenstillstand war jedoch schon im November 1918 durch die Kriegsgegner unterzeichnet worden. Im Versailler Vertrag wurden das Deutsche Reich und seine Verbündeten als alleinige Schuldige für den Ausbruch des Ersten Weltkrieges genannt.
die Wahl, die Wahlen	In einer Wahl entscheiden die Menschen darüber, wer künftig in ihrer Stadt, ihrem Bundesland oder ihrem Staat regieren soll. Für diese Arbeit bewerben sich verschiedene Kandidaten. Die Wähler müssen auf einem Wahlzettel ankreuzen, welchen Kandidaten sie sich wünschen. Die Kandidaten, die die meisten Stimmen erhalten, gewinnen die Wahl. Die deutsche Regierung wird alle vier Jahre gewählt.

die Währungsreform	Als Währung bezeichnet man die Geldsorte, die in einem Land verwendet wird. Eine Währung besteht aus Geldscheinen und Münzen. Heute in Deutschland ist die gültige Währung der Euro. Früher gab es in Deutschland die Deutsche Mark. Eine Währungsreform bedeutet, dass die alte Währung durch eine neue Währung abgelöst wird. Eine bedeutende Währungsreform gab es im Jahr 1924. Die Umstellung des Deutschen Reiches von der „Mark" auf die „Reichsmark" beendete die große Inflation in Deutschland nach dem Ersten Weltkrieg.
Weimar	Weimar ist eine Stadt in der Mitte Deutschlands. Sie liegt im Bundesland Thüringen. In Weimar lebten und arbeiteten im 18. und 19. Jahrhundert berühmte Schriftsteller wie zum Beispiel Johann Wolfgang von Goethe und Friedrich Schiller. Nach dem Ersten Weltkrieg wurde in Weimar die erste Republik auf deutschem Boden gegründet, die Weimarer Republik.
die Zivilcourage	Wer Zivilcourage hat, der tritt für andere Menschen und für seine Meinung ein – auch, wenn er damit allein dasteht. „Civis" ist Lateinisch und bedeutet „bürgerlich" oder „anständig". „Courage" kommt aus dem Französischen und heißt „Mut". Zivilcourage bedeutet also auch, anderen Menschen zu helfen, wenn diese geärgert oder bedroht werden. Wenn dies allerdings zu gefährlich wäre, dann holt man besser Hilfe, zum Beispiel bei der Polizei. Nicht einfach wegsehen, sondern aktiv werden – das ist Zivilcourage.
die Zwangsarbeit	Zwangsarbeit nennt man es, wenn Menschen mit Gewalt zum Arbeiten gezwungen werden. Diese Arbeit ist nicht freiwillig und nicht (oder sehr schlecht) bezahlt. Im Zweiten Weltkrieg gab es mehrere Millionen Zwangsarbeiter und Zwangsarbeiterinnen in Deutschland. Sie kamen zum Großteil aus den besetzten Gebieten im Osten Europas. Dort waren sie gefangen genommen worden, um in Deutschland Zwangsarbeit zu leisten. Es gab aber auch französische oder italienische Zwangsarbeiter. Auch Häftlinge aus Konzentrationslagern wurden häufig zur Zwangsarbeit eingesetzt. Die schweren Arbeitsbedingungen und die mangelhafte Versorgung ließ viele Zwangsarbeiter sterben. Viele von ihnen starben an Hunger und Krankheiten.